Ces amours
qui n'avancent pas

Élisabeth CONTENT
Bénédicte LUCEREAU – Valérie MATHIEU

Ces amours qui n'avancent pas

Éditions de l'Emmanuel

Illustration de couverture : © Ixène.

37, rue de l'Abbé-Grégoire, 75006 Paris

ISBN 978-2-35389-067-5

PRÉFACE

Quand un homme et une femme choisissent de bâtir ensemble leur avenir, ils aspirent au bonheur. Comment ignorer l'enjeu des fondements de cette aventure commune, qui est appelée à devenir une famille. Or le cœur de l'homme est insondable, tant il est vrai que fait pour aimer et être aimé, chacun découvre en chemin, parfois non sans vertige, le mystère personnel de sa destinée.

Merci aux trois auteurs de cet ouvrage de traduire avec doigté le fruit de l'expérience patiente de l'écoute. Faudrait-il qualifier leur compétence acquise progressivement de « clinique » ? Le terme n'est sans doute pas adéquat, même si autrement que le médecin ou le conseiller spirituel, l'exercice de l'écoute forge la capacité à la clairvoyance.

Le discernement exige une humilité nécessaire pour rencontrer l'autre avec délicatesse et respect. Les trois rédactrices, grâce à la vérification mutuelle, transmettent dans ces pages, par touches successives, des points de repère fort utiles à celles et ceux qui peinent sur le chemin. Combien d'amorces heureuses de relations entre une femme et un homme s'enlisent dans l'indécision, jusqu'à miner la confiance en soi ?

Je salue le travail de mise en forme du parcours proposé au lecteur. Les multiples situations décrites donnent à réfléchir grâce à la présentation d'un enchaînement qui favorise la progression. À force d'écouter des situations de souffrance, de blocage, voire de profondes détresses, le risque se présente d'en rester à élucider les blessures sans parvenir à ouvrir des perspectives constructives.

Quelle aventure de tendre la main, et d'abord l'oreille, pour aider quelqu'un à naître à lui-même, à une liberté qui ne soit pas stérilisée par l'indécision, chaque fois qu'un carrefour se présente sur la route de sa vie !

J'ai bon espoir que la lecture des pages qui suivent procure de la lumière à ceux et celles qui hésitent et qui sont parfois déboussolés dès l'enfance par l'environnement familial, ou qui n'on jamais connu de vraie famille. Vivre, c'est changer. Dans la visée chrétienne de l'existence, personne n'est jamais prisonnier de son passé, ni enfermé, si c'est le cas, dans le trompe l'œil fataliste d'une situation de victime.

Le risque réfléchi de l'engagement est signe de vie. La formule sacramentelle de l'alliance du couple chez les chrétiens ne saurait être plus clair : « Veux-tu être mon épouse ? » – « Veux-tu être mon mari ? » Dans le consentement qui engage l'avenir, c'est un « vouloir aimer » qui est béni de Dieu, qui en sera le protecteur et le sauveur.

Jésus nous apprend le chemin du bonheur durable. « Pas de plus grand amour que de donner sa vie pour ceux qu'on aime. » Ce chemin d'espérance ne trompe pas, dans tous les états de vie.

† Guy Thomazeau,
Archevêque de Montpellier.

INTRODUCTION

Pourquoi ce titre ?

On parle beaucoup de la difficulté à s'engager. On constate que beaucoup de jeunes ont effectivement du mal à sauter le pas de ce mariage qui leur fait peur.

On a beaucoup écrit sur les causes de cette difficulté, causes extérieures au couple :

– La société change très vite. Nous sommes à l'ère du consommable, du jetable, du tout tout de suite.

– Les nombreux échecs des couples, le nombre important de divorces. Ceci marque les esprits, et quand on est soi-même enfant de divorcés, on a peur de s'engager dans le mariage. Le divorce, quoi qu'en pensent de nombreux sociologues, laisse des traces profondes sur les enfants. Pour l'instant, dans notre pratique, nous n'avons jamais rencontré de personnes « ayant réussi » un divorce à l'amiable. Celui-ci est toujours douloureux et ressenti par le couple et les enfants comme un véritable tremblement de terre. Chacun des conjoints doit réorganiser sa vie différemment, souvent dans une situation d'appauvrissement. Les enfants se trouvent généralement comme pris en otage entre leur père et leur mère et dans l'incapacité de choisir l'un ou l'autre tant ils les aiment tous les deux d'un amour égal.

– L'allongement de la durée de la vie. Il y a deux générations encore, l'espérance de vie en commun n'excédait pas vingt-cinq ans. On vit aujourd'hui très vieux et quand on s'engage, c'est quelquefois pour cinquante, voire soixante ans ! Cela donne le vertige.

– Beaucoup de repères ont disparu : les valeurs familiales, le rôle de l'homme, de la femme, du père, de la mère, de l'autorité… On ne sait plus trop comment construire un couple, une vie de famille. On ne sait pas comment concilier le travail qui prend beaucoup de place et la vie de famille et de couple.

– Le modèle féminin est devenu omniprésent, voire prédominant.

Autant de bonnes raisons pour ne pas s'engager, sans compter le fait que nous vivons dans une société qui prône la recherche du plaisir à tout prix et celle de l'épanouissement personnel en priorité également. Or, on le sait, la vie de couple n'est pas « un long fleuve tranquille », et le couple, pour durer, doit se transformer et passer par des crises inévitables qui sont autant de passages pour arriver à la maturité de l'amour.

Nous avons constaté combien cette aspiration à s'engager, à fonder un couple reste fondamentale pour beaucoup de jeunes. S'il est vrai que notre société rend plus difficile ce passage de l'engagement, les vraies raisons des difficultés sont à chercher ailleurs que dans des causes extérieures : « C'est la faute de la société, du monde… » Ces causes sont plutôt des facilitateurs ou des accélérateurs que des causes réelles.

On constate d'ailleurs qu'on peut être avec la même personne depuis deux, trois ou cinq ans, on « sort » avec elle, on peut avoir des relations sexuelles, on peut même cohabiter et « ne pas pouvoir » s'engager.

Il y a comme une incapacité à se marier et à s'engager pour construire une vie commune, à se projeter dans un avenir commun, à faire ensemble un projet de vie, à envisager d'avoir des enfants.

Certains commencent des relations amoureuses et dès que la relation devient sérieuse avec la possibilité d'un engagement, il y a un blocage. On va alors trouver de bonnes raisons pour arrêter la relation alors qu'on ne connaît pas les raisons inconscientes du blocage.

Julien a été amoureux trois fois. Chaque fois qu'il commence à envisager la possibilité d'un engagement, il trouve une bonne raison pour ne pas le concrétiser : elle n'est pas assez jolie ou elle n'est pas intelligente…

Cela lui permet d'arrêter la relation sans se remettre en cause, mais avec de bonnes raisons.

Mais la troisième fois, il commence à se poser de vraies questions. Et si le problème était ailleurs, et si cela venait de lui ?

Son histoire familiale est très douloureuse. Il se rend compte qu'il a été très marqué par cette histoire, qu'il a en réalité très peur des femmes. Alors commence pour lui un véritable travail personnel.

Dans notre cabinet de conseil conjugal *Mots croisés*, nous avons accompagné, sur des chemins tortueux, de nombreux jeunes comme Julien qui, empêtrés dans des situations de blocage, vivaient dans l'angoisse des amours qui n'avancent pas.

Nous avons pu constater qu'il y a bien autre chose que la simple peur de l'engagement et que les raisons de ces difficultés sont souvent en lien avec l'histoire personnelle de chacun.

L'inquiétude, voire l'angoisse vécues par certains nous ont donné envie de creuser ce sujet, d'essayer de comprendre, d'apporter des pistes de réflexion, des ouvertures.

Merci à tous ceux qui nous ont permis de les accompagner. Pour certains cela a débouché sur un mariage, pour d'autres sur une rupture. Le but étant de trouver une issue à cette situation de blocage.

Chaque fois nous avons pu mesurer combien grande était la détresse de celui ou celle qui vit un amour qui n'avance pas et qui ne comprend pas ce qui se passe en lui.

L'entourage pense qu'un bon « coup de pied au derrière » serait nécessaire ou bien qu'il s'agit d'une personne très égoïste.

Si quelquefois il y a un peu d'égoïsme, cela n'explique pas tout.

Alors merci à Charlotte, Benoît, Marielle, Guillaume, Emmanuel, Renaud, Blandine, Loïc, Tanguy, Delphine, Ingrid, Maud, Alexandra, Gauthier…

Pour écrire ce livre, nous nous sommes inspirées de leurs histoires. Histoires heureuses et douloureuses. Leur témoignage est en filigrane au travers des chapitres de ce livre. Bien sûr les prénoms et les situations ont été modifiés.

CHAPITRE PREMIER

L'identité

Dans ce parcours des « amours qui n'avancent pas », la question de l'identité de l'homme et de la femme se pose nécessairement : une démarche d'engagement dans le mariage implique, pour chacun, de se reconnaître et de s'accepter différent de l'autre, en particulier dans sa dimension sexuée. Cette affirmation, nous en sommes conscientes, va à l'encontre des idéologies, aujourd'hui à la mode, sur la théorie du *gender* qui tend à démontrer que c'est la culture qui définit le masculin et le féminin. Ce courant de pensée véhicule l'idée que je peux penser en dehors de mon corps sexué. L'anthropologie chrétienne s'oppose à cette théorie : elle défend le fait que mon corps fait partie de ma personne, et se reporte aux Écritures saintes, et notamment au récit de la Genèse, pour soutenir sa vision de l'homme et de la femme. Revenir au récit de la Création est essentiel, car transparaît dans les chapitres 1 et 2 de la Genèse un éclairage sur le « pourquoi » et le « pour quoi » de la création, c'est-à-dire à la fois sur ce qui a motivé la création de l'homme et de la femme, et sur la finalité de leur existence.

A. « IL N'EST PAS BON QUE L'HOMME SOIT SEUL, IL FAUT QUE JE LUI FASSE UNE AIDE QUI LUI SOIT ASSORTIE. »

Au commencement, nous sommes créés dans la différence, homme et femme, et cette différence est un bien. Nous l'expérimentons au quotidien : que puis-je partager, échanger, donner, recevoir de quelqu'un qui me ressemblerait en tout point ? Si je m'observe dans l'autre, si ce dernier n'est que le miroir dans lequel je me reflète, je n'ai rien à lui donner et je n'ai rien à recevoir de lui que je n'aie déjà ! Seule la différence permet la relation.

Et la relation est vitale pour les êtres humains que nous sommes. Ceux d'entre nous qui ont expérimenté la douleur d'être seuls peuvent saisir à quel point la solitude, l'absence de relation crée un vide mortifère. Seul, l'homme est voué à la mort. Le deuxième chapitre de la Genèse est très éclairant sur ce point : « Il n'est pas bon que l'homme soit seul, il faut que je lui fasse une aide qui lui soit assortie[1] » (Gn 2, 18). De quel aide l'homme a-t-il besoin ? Le terme hébreu employé ici est *ezer*, c'est-à-dire une aide que Dieu donne en cas de danger mortel (et non pas une aide ménagère !). C'est ainsi qu'Adam reçoit Ève comme celle qui, d'une certaine façon, lui donne la vie.

« Pour le coup, c'est l'os de mes os et la chair de ma chair […] », s'écrit Adam dont on entend la voix pour la première fois (Gn 2, 23). Il peut parler, dire « je » quand il peut dire « tu » à la femme qui lui est assortie. De plus, ses premiers mots sont des paroles d'émerveillement : la relation donne non seulement vie à Adam, mais en plus elle est source de bonheur !

1. Traduction de la Bible de Jérusalem.

B. L'IDENTITÉ FÉMININE ET MASCULINE, UNE RÉALITÉ À DÉCOUVRIR

Travailler sur son identité propre est tout autant une nécessité qu'une gageure. En effet, nous recevons notre nature sexuée de Dieu et, en même temps, notre identité se construit dans la relation, elle-même ancrée dans le temps et l'espace. Il n'est donc pas aisé de distinguer ce qui est propre à notre nature et ce qui est culturel, les deux étant profondément imbriqués. Mais nous tâcherons de donner quelques repères qui, nous l'espérons, vous aideront à avancer sur le chemin de la quête de votre identité.

1. Points de repère sur l'identité féminine

La vocation de la femme est d'accueillir la vie. Qu'elle le veuille ou non, tout son corps manifeste cela. Accueillir la vie au sens biologique, évidemment, mais plus largement, engendrer l'autre à ce qu'il est. Aider l'autre à donner le meilleur de lui-même, telle est la responsabilité de la femme.

Joseph Ratzinger – aujourd'hui Benoît XVI – écrivait : « Parmi les valeurs fondamentales qui sont rattachées à la vie concrète de la femme, il y a ce qui est appelé sa "capacité de l'autre". La femme garde l'intuition profonde que le meilleur de sa vie est fait d'activités ordonnées à l'éveil de l'autre, à sa croissance, à sa protection [...][2]. »

Mais comment accueillir la vie si l'on n'a pas fait soi-même l'expérience d'avoir été et d'être accueilli.

2. Congrégation pour la doctrine de la foi, *La collaboration de l'homme et de la femme dans l'Église et dans le monde*, lettre aux évêques de l'Église catholique, 13 mai 2004, § 13.

La vie d'Anne est sur ce point éclairante. Abandonnée par sa mère, élevée par son père, puis placée de famille d'accueil en famille d'accueil, cette jeune femme ne peut s'établir dans une relation stable. Elle aimerait vivre en couple et fonder une famille, mais en même temps, elle se sent incapable d'assumer aussi bien la fonction d'épouse que celle de mère. Elle n'a connu, au travers de son histoire, qu'un couple parental dysfonctionnant et des parents absents. Le manque de repères l'empêche aujourd'hui de s'engager dans une relation durable, à cause de sa difficulté à se projeter comme femme.

Être accueillie, aimée, protégée, sécurisée, voilà ce dont la femme a besoin pour être pleinement « en capacité de l'autre ».

S'il est vital pour la femme d'accepter la protection de l'homme, il est aussi essentiel qu'elle se sente reconnue, admirée. En voyant qu'elle plaît à l'homme, qu'elle est désirable, qu'elle est aimée, elle n'aura plus peur de se mettre sous sa protection.

Nous accompagnons à *Mots croisés* bon nombre de femmes qui n'osent pas se mettre en valeur. Elles ont peur d'être considérées comme des « séductrices ». « Il faut qu'il m'aime telle que je suis », entend-on dire. Nous leur demandons alors de considérer tout ce qui est beau et bon chez elles et les invitons à mettre en valeur toutes leurs richesses, leurs qualités, qu'elles soient physiques, affectives ou spirituelles, dans les relations qu'elles nouent. Il ne s'agit pas de masquer ses faiblesses, mais simplement d'accepter de montrer ce qui en soi est beau. En retour, le regard d'émerveillement de l'homme (souvenez-vous du cri d'Adam : « Pour le coup, c'est l'os de mes os et la chair de ma chair ») rendra la femme plus pleinement femme encore.

Pour une femme, accepter le regard émerveillé de l'homme sur elle est parfois difficile. Mais cela permet à la femme de grandir dans sa féminité et d'accepter la protection de l'homme.

Enfin, la femme porte en elle la fonction de médiatrice. C'est elle qui donne l'enfant au père et qui fait de l'homme un père. Cette mission est difficile et douloureuse. En effet, conduire l'enfant à son père, c'est accepter de se détacher de lui pour donner à l'homme sa place de père. Nous pouvons dire qu'à ce moment-là, en créant une distance entre elle et son enfant, la femme lui donne la vie une seconde fois. Elle le fait sortir de la relation fusionnelle (mortifère) pour l'ouvrir à la vie.

Au-delà du lien qu'elle crée entre l'enfant et le père, la femme est celle qui facilite la relation, qui la provoque parfois. La présence majoritaire de femmes dans le domaine des « relations humaines » et dans la relation d'aide en est l'expression.

En outre, dans une relation amoureuse, la femme sera plus demandeuse de tête-à-tête, de discussions à bâtons rompus, elle exprimera plus spontanément ses attentes, ce qu'elle ressent. C'est sa participation au renforcement du lien.

Accueillir la vie, accepter la protection de l'homme, être médiatrice, sont autant d'attitudes féminines à développer par chaque femme *quels que soient son état de vie et ses conditions de vie propres* : mariée, consacrée, célibataire, mère, à la maison, au travail... C'est ainsi qu'elle se donne, réalisant ainsi *la vocation au don de toute personne humaine*.

2. Points de repère sur l'identité masculine

De même que tout chez la femme est orienté vers l'accueil de la vie, de même l'homme a une vocation à la paternité. La paternité au sens large, c'est-à-dire à la fois biologique et spirituelle. Pour être capable d'exercer cette paternité il est nécessaire qu'il passe par des étapes incontournables sur les plans psychologique et spirituel. Nous retiendrons deux étapes.

La première étape est la séparation.

Il est communément admis que l'homme est celui qui doit séparer la mère de son enfant. Grâce à lui, le couple mère-enfant peut sortir d'une relation fusionnelle qui, bien que nécessaire au début de la vie, peut devenir mortifère.

Cette capacité à séparer, il la tient de son expérience : pour réussir à séparer, il a fallu qu'il accepte de se séparer, de quitter.

Bien sûr, la femme doit, elle aussi, apprendre à quitter. Pourquoi donc insister autant sur l'importance pour l'homme de faire cette démarche ?

Dans le livre *Vivre heureux en couple*, Jacques et Claire Poujol, citant l'anthropologue Margaret Mead[3], écrivent : « Le petit garçon [...] apprend qu'il doit commencer par se différencier de l'être qui lui est le plus proche, sa mère, sous peine de ne jamais exister. Les filles apprennent simplement qu'elles *sont*, et les garçons qu'ils doivent *devenir*. Le petit garçon doit sortir de lui-même, pénétrer dans le monde extérieur sans garantie de succès. Il se développe dans l'incertitude. »

3. Jacques et Claire POUJOL, *Vivre heureux en couple. Comprendre et gérer les conflits de la vie quotidienne*, Empreinte Temps Présent, 1999 ; Margaret MEAD, *L'un et l'autre sexe. Le rôle de l'homme et de la femme dans la société* (1948), Denoël-Gonthier, 1966.

Se séparer, c'est, bien sûr, accepter de quitter la maison de ses parents, mais aussi et plus profondément, se libérer intérieurement des figures parentales, se libérer du passé et enfin se libérer de l'image de soi dont on est prisonnier[4].

– Se libérer des figures parentales est souvent un combat ardu à mener. Nous avons vu précédemment que la femme avait pour vocation de donner la vie et qu'une relation fusionnelle s'établissait entre la mère et son enfant. Si le père ne les sépare pas, la mère aura tendance à vouloir garder son enfant pour elle. De plus, même si cette relation est étouffante pour l'enfant, il y trouve un intérêt immédiat, celui de rester sous la protection maternelle et de se préserver ainsi des agressions extérieures. Mais un fils trop attaché à sa mère aura du mal à trouver son identité masculine et dans ses relations avec les femmes il cherchera la mère qui est aux petits soins pour lui. Un véritable partenariat ne sera pas possible. Aucune femme ne pourra le combler « comme sa maman chérie ».

Pierre va d'échec en échec dans sa vie amoureuse. Aucune des relations qu'il a tenté de tisser n'a duré. Dans le même temps, quand on l'interroge sur ses relations avec ses parents, il parle presque exclusivement de ses relations avec sa mère avec laquelle il peut partager ses difficultés, qui est toujours là pour le rassurer quand il n'a pas le moral et dont il dit lui-même que c'est la femme qui le comprend le mieux et qui représente pour lui un idéal. Cet idéal il le recherche systématiquement chez les femmes qu'il fréquente et elles ne sont jamais à la hauteur !

De même, un fils qui se croirait obligé de montrer à son père qu'il est aussi fort que lui sera tenté de tout faire comme lui et il passera à côté de sa propre identité :

4. D'après Anselm GRÜN, *L'identité masculine en question*, Paris, Médiaspaul, 2005.

Erwan est devenu militaire comme la plupart des hommes dans sa famille et son père en particulier. Son choix était motivé par son désir de plaire à son père. Mais petit à petit, il est entré dans une dépression, réalisant que ce choix ne lui convenait pas.

– Se libérer de la nostalgie du passé, ne pas regarder son enfance comme un paradis perdu qu'il faudrait à tout prix retrouver pour ressentir tous les bienfaits de la chaleur, de la tendresse et de l'amour prévenant et toujours offert de sa mère. Le passé est le passé, la vie est dans le présent !

– Se libérer de l'image de soi dont on est prisonnier, c'est accepter de se détacher de ce qui semble nous établir, la réussite, la possession, pour aller de l'avant. Accepter de dépasser les limites que nous nous sommes fixées et qui sont peut-être obsolètes. Prendre des risques pour être vraiment dans la vie, ne pas faire du sur place… Oser.

Hervé a eu des difficultés dans ses études. Il a hérité de son parcours chaotique un manque de confiance en lui qui l'a conduit à se cantonner dans une vie professionnelle peu valorisante. Il aurait pu espérer décrocher un travail plus stimulant, mais il n'a pas osé de peur d'être incapable de satisfaire aux exigences demandées. Aujourd'hui, il pense à s'engager dans une relation durable avec une jeune femme. Il a pris conscience qu'il ne pourrait franchir cette étape que s'il acceptait de quitter l'image négative qu'il avait de lui-même. Concrètement, il a décidé de reprendre une formation qui lui permettra d'accéder à un poste plus en rapport avec ses capacités.

Dans la mesure où l'homme aura su quitter, se séparer, il pourra à son tour, dans sa vie de père, aider son enfant à partir, à oser se lancer dans l'existence. L'enfant pourra quitter sa mère, son père, car son propre père aura su lui transmettre la confiance nécessaire en lui-même pour le faire.

La seconde étape est d'accepter la place de chef.

Il ne s'agit pas, bien évidemment, de considérer la position du chef comme celui qui détiendrait le pouvoir tel un despote, mais de considérer que la mission de l'homme est de *conduire* ceux et celles qui lui sont confiés. C'est Moïse qui conduit son peuple vers la terre promise[5], Joseph qui emmène Marie à Bethléem[6], puis sa famille en Égypte pour la protéger de la fureur d'Hérode[7].

Cette position ne peut donc se comprendre que dans le cadre d'une relation aimante, bienveillante et protectrice.

Cette position exige de la part de l'homme trois qualités principales : l'autorité, la force et la tendresse.

« Autorité » vient du latin augere qui signifie « faire grandir ». Accepter d'être un chef, c'est donc conduire avec autorité ou encore diriger pour faire grandir. Nous sommes loin de l'« autoritarisme » qui sous-entend une prise de pouvoir du chef sur les personnes dont il a la charge !

La force est nécessaire à l'exercice de la direction : elle permet de lutter et en même temps elle sécurise quand elle est exercée avec tendresse.

De quelle lutte s'agit-il ? En réalité de deux formes de lutte. La première est celle qui précède la séparation. Pour se séparer (notamment des images parentales) et pour séparer la mère de son enfant, l'homme doit accepter le combat. S'il renonce, s'il démissionne, ni lui, ni la femme, ni l'enfant ne trouveront leur place et ne grandiront harmonieusement. Pour cette mission,

5. Ex 13.
6. Lc 2,1-7.
7. Mt 2, 13-18.

l'homme est irremplaçable. Il permet à la femme de réaliser sa vocation et à l'enfant de grandir dans la liberté.

Nous observons chez les hommes que nous accompagnons une grande résistance à exercer la fonction de chef. Ils ont tout d'abord peur de faire du mal. Le souvenir d'avoir eux-mêmes souffert d'un père tyrannique peut expliquer cette angoisse. Par ailleurs, la société dans laquelle nous vivons ne valorise pas cette fonction de l'homme. Bien au contraire. Elle demande à l'homme de ressembler à la femme, d'acquérir les mêmes qualités que celle-ci. Enfin, les femmes peuvent empêcher les hommes d'exercer cette fonction de peur de perdre le pouvoir dans la relation.

Étienne et Marie sont un jeune couple « moderne ». L'un et l'autre travaillent dur. Ils ont des métiers chronophages. Marie est une organisatrice hors pair. Dans son travail, elle est reconnue pour cela. Elle planifie donc l'emploi du temps du couple et de ce fait gère seule beaucoup de choses : les invitations à dîner, les loisirs, les vacances, l'achat de la voiture… Étienne de son côté s'accommode bien de cette situation. Il trouve Marie formidable et accepte les propositions qu'elle lui fait. Tout fonctionne bien pendant quelques années. Marie et Étienne semblent y trouver leur compte. En tout cas, aucun des deux ne se plaint ouvertement de la situation. Jusqu'au jour où Marie explose. Elle en a assez d'être celle qui décide de tout. Elle reproche à Étienne de ne jamais avoir de point de vue personnel, de se laisser vivre. Elle voudrait bien être déchargée d'une partie du travail d'organisation que d'ailleurs elle fait aussi dans le cadre de son travail. Elle avoue avoir besoin d'un mari qui ose prendre des décisions, sur lequel elle peut compter, qui la sécurise. Elle reproche à Étienne de ne pas assumer son rôle. Elle dit avoir l'impression d'être l'homme de la maison.

Marie a dû prendre conscience qu'elle était omniprésente au sein de son foyer et accepter de laisser à Étienne de l'espace. De son côté, Étienne a dû se faire sa place dans le couple en osant prendre des décisions plus fréquemment au risque de s'imposer parfois. Le couple formé par Étienne et Marie a pu, dès lors, prendre un nouveau départ sur des bases plus saines et plus respectueuses de leur identité propre.

Le combat que doit mener l'homme se situe aussi à un autre niveau, plus intérieur celui-là.

Chacun de nous, homme ou femme, porte une part d'ombre qu'il nous faut reconnaître et affronter. Quelle est cette part d'ombre ? Nos blessures, nos fêlures, nos fragilités, nos faiblesses, notre péché également. Nous constatons qu'il est souvent plus aisé pour une femme de repérer et d'accepter sa part d'ombre. Un accès plus immédiat à sa vie émotionnelle et une vie intérieure souvent plus développée lui permettent probablement de faire cette expérience. L'homme a plus de difficultés à exprimer ses émotions. On lui a plutôt appris à les taire. Un tel détachement par rapport à sa vie émotionnelle est souvent préjudiciable à l'acceptation de ses fragilités. Un homme se doit de paraître fort, indestructible. Il peut donc avoir peur de montrer ses fragilités, ce qui pourrait donner de lui une image dévalorisée. Peut-il être aimé alors qu'il montre ses faiblesses ?

Mais la force n'est pas l'absence de failles. La véritable force est d'accepter la mission qui nous est confiée tout en reconnaissant nos limites.

Moïse accepte la mission de rassembler les Hébreux pour les faire sortir du pays d'Égypte, alors même qu'il dit : « Excuse-moi, mon Seigneur, je ne suis pas doué pour la parole, ni d'hier, ni d'avant-hier, ni même depuis que tu adresses la parole à ton serviteur, car ma bouche et ma langue sont pesantes » (Ex 4, 10).

C'est en reconnaissant et en acceptant ses difficultés que David a pu assumer sa responsabilité de père de famille :

David est marié depuis sept ans et jeune père de famille. Son couple est en souffrance. Les problèmes financiers se sont accumulés depuis des mois et David les a cachés. Aujourd'hui la réalité de leur situation est connue de sa femme qui ne comprend pas les raisons de la dissimulation et perd confiance en son mari. Au début de la thérapie, David explique ses problèmes en mettant en cause l'attitude de ses parents vis-à-vis de lui. Il leur en veut d'avoir été trop laxistes avec lui, de ne pas lui avoir appris à gérer son budget, mais dans le même temps il se plaint de ne pas être autant aidé que ses frères et sœurs par ses parents maintenant qu'il est noyé sous les dettes. Ce n'est qu'en prenant pleinement conscience de sa responsabilité personnelle et en refusant de se poser en victime de parents négligents et injustes qu'il a pu lutter contre son penchant à dépenser sans compter, d'une part, et à mentir et dissimuler, d'autre part.

Conduire, faire grandir avec détermination et tendresse, voilà comment l'homme réalise la *vocation au don* de toute personne humaine.

C. QUEL EST MON HÉRITAGE, ET COMMENT CET HÉRITAGE INFLUENCE-T-IL MA PERSONNALITÉ ET, PAR VOIE DE CONSÉQUENCE, MON IDENTITÉ D'HOMME OU DE FEMME ?

1. Une histoire que nous partageons tous

Notre histoire, notre éducation ont inéluctablement laissé leurs empreintes. Nous nous sommes construits au travers de tout ce que nous avons reçu. En particulier, les relations qui se sont tissées avec notre père et notre mère, dès notre conception, ont marqué la construction de notre identité.

Nous sommes tous confrontés à notre soif infinie d'aimer et d'être aimés et en même temps à notre incapacité à aimer et à nous laisser aimer. Cette expérience est d'autant plus douloureuse que nous sommes faits pour l'amour.

Dans le ventre maternel et dans notre petite enfance, notre soif d'amour était infinie. Le petit enfant que nous étions attendait de recevoir de ses parents l'amour dont il avait besoin pour vivre. Il était donc dans une disposition d'accueil totale, comme livré à l'amour de ses parents dont il attendait tout. Mais notre attente a été déçue. Non seulement nos parents n'ont pu nous donner ce que nous étions en droit de demander, mais en plus ils ont eu parfois, le plus souvent sans s'en rendre compte, une attitude blessante vis-à-vis de nous. Il nous faut bien comprendre que la plupart du temps l'enfant perçoit comme une agression ce qui n'est qu'une réaction de fatigue ou d'incompréhension de la part de ses parents. Mais il n'a pas l'âge pour comprendre cela et tout ce qui peut créer de la distance entre l'enfant et son parent est perçu comme un refus d'aimer. Ainsi, ne pas venir consoler un petit enfant en pleurs, laisser son enfant à une grand-mère pour un week-end sans donner d'explication peuvent faire croire à l'enfant qu'il est abandonné par ses parents.

« Là où il a été déçu, blessé dans sa confiance spontanée, il ne croit plus à l'amour[8]. »

8. Bernard DUBOIS, *Guérir en famille*, Nouan-le-Fuzelier, Éd. des Béatitudes, 2004, p. 68.

Ce doute envers l'amour est une blessure avec laquelle nous vivons tout au long de notre vie. Alors, quand dans notre vie d'homme et de femme adulte, l'amour frappe à notre porte, quand nous imaginons pouvoir nous engager dans une relation d'amour durable, la peur de nous laisser approcher resurgit : « Et si, une fois encore, j'étais déçu ? » Le risque est alors de refuser l'amour, de refuser d'attendre quoi que ce soit de l'autre et de s'enfermer dans l'idée que je n'ai pas besoin de l'amour de l'autre.

Prendre conscience de notre refus de nous laisser aimer est capital. Nous pourrons, dès lors, commencer à comprendre d'où nous vient cette peur et la traverser pour enfin accepter le regard d'amour de l'autre sur nous.

2. Une histoire originale et unique

Cependant notre histoire est originale : notre père et notre mère, nos frères, nos sœurs, nous-mêmes, nous sommes des êtres uniques qui entretiennent des relations uniques elles aussi. Qu'avons-nous donc reçu au travers de ces relations ?

Des valeurs, tout d'abord, qui constituent le cadre dans lequel nous nous inscrivons et essayons de grandir : valeurs de fidélité, de justice, de respect de l'autre et de la parole donnée, de partage, de don de soi, de soutien mutuel, de vérité, d'amour inconditionnel, de tendresse…

Les parents de Bertrand sont divorcés depuis de longues années. Son père est parti et s'est remarié. Sa maman, quant à elle, a choisi de rester fidèle à son mari malgré la séparation et le divorce. Elle est restée fidèle à son sacrement de mariage. Bertrand sait bien à quel point le choix de sa maman est difficile à assumer au quotidien. Cependant la fidélité de sa mère est pour lui un exemple et un repère pour construire sa vie d'homme et d'époux.

D'aussi loin que remontent ses souvenirs, Véronique se rappelle que son père n'a jamais eu de travail stable. Il était souvent à la maison, déprimé. Sa maman, même si elle a souffert de cette situation, a toujours soutenu son mari et l'a valorisé auprès de ses enfants. Ces valeurs de soutien mutuel et de respect sont d'une importance capitale pour Véronique. Elle porte en elle aujourd'hui une image de père et de mère positive qui lui permet de se construire en tant que femme.

Certaines valeurs, bien que véhiculées en paroles, ne l'ont pas toujours été en actes. Considérons le fonctionnement de certaines familles.

Celles dans laquelle, par exemple, on ne se parle que sur le mode des reproches et de l'agressivité. Ou bien dans laquelle il est impossible d'avoir un contact affectif.

C'est le cas de la famille d'Ariette. La seule façon d'exprimer de l'affection était de se serrer la main !

Dans une autre famille, il y aura un modèle type : on est « catho », on doit tenir son rang… sinon on est comme rejeté du « clan ». Il devient alors difficile d'affirmer sa personnalité si elle n'est pas conforme au modèle familial.

Il y a aussi des familles qui véhiculent beaucoup de jugements, de violences verbales ou physiques.

Certaines valeurs érigées en principes peuvent aussi devenir toxiques.

Observons la famille de Julie. Dans sa famille, la valeur travail détermine les relations qui se tissent entre les parents et les enfants. Le message est clair : les études scientifiques sont les seules dignes d'intérêt. Choisir une autre voie, c'est faire la preuve de sa bêtise et de son inconscience. Pour Julie comme pour ses frères et sœurs, l'amour des parents est conditionné par le type d'études entrepris.

La mère de Clémence est une féministe militante. Elle a transmis à sa fille l'idée qu'une femme qui n'est pas indépendante financièrement n'a pas de valeur. Aujourd'hui, Clémence souhaite fonder une famille. Elle voudrait prendre le temps de s'occuper de ses enfants et arrêter pour un temps son travail salarié. Mais la réaction probable de sa mère la freine dans sa décision. Elle a peur de la décevoir et de ne plus exister à ses yeux.

Toutes ces attitudes, positives ou négatives, constituent ce socle sur lequel nous nous sommes construits en tant qu'homme et femme. D'ailleurs, nous pouvons considérer que le positif est prédominant, car, heureusement pour nous, nous sommes toujours en vie, avec ce désir de croître, de progresser et de nous réaliser. Par contre, si nous avons trop souffert des attitudes négatives, nous aurons tendance à les reproduire de façon inconsciente, quitte à négliger les aspects positifs de notre histoire.

À côté de ces valeurs, nous portons en nous des croyances.

Une croyance est une idée à laquelle nous adhérons et que nous admettons pour vraie même si nous ne l'avons pas vérifiée.

Parmi les croyances qui nous habitent certaines sont utiles. Elles nous aident à nous construire. Elles assurent la stabilité et la cohésion de notre existence. Ce sont autant de tuteurs qui nous permettent d'avancer en sécurité.

D'autres, au contraire, sont limitantes. Elles nous conduisent à considérer certaines de nos limites comme absolument et définitivement infranchissables : « Je ne suis pas capable de… », « Je ne suis bon à rien », « Rien de ce que je fais n'a de la valeur », « Je suis insignifiant », « Les autres font toujours mieux que moi » ; ou à enfermer les personnes dans des schémas réducteurs : « Les hommes sont tous les mêmes », « Les femmes parlent pour ne rien dire » ; ou encore à contraindre notre liberté de choix en obéissant à des injonctions : « Par respect pour tes parents, tu dois leur rendre visite chaque semaine. » Généralement, ces croyances nous ont été transmises au travers d'affirmations mille fois entendues : « Tu n'y arriveras jamais », « Tu ne comprends jamais rien », « Tu n'as rien dans la tête », « Tu n'es qu'un imbécile », « Tu vois, tu t'es planté, comme toujours ! », « Tu es décidément très nul ! »…

Certaines de nos croyances ont pu être utiles à notre développement à un moment donné de notre histoire, puis devenir limitantes par la suite.

C'est le cas d'Édouard. Il a perdu son père alors qu'il était encore très jeune. Depuis cette expérience douloureuse, il croit qu'il doit se sortir seul de toutes les difficultés qu'il rencontre. Cette croyance lui a été utile après la mort de son père. Elle lui a donné l'énergie pour puiser en lui les ressources nécessaires et pour faire son deuil. Aujourd'hui, Édouard a des difficultés pour accepter l'aide des autres. Dans ses relations affectives notamment, il refuse toute forme d'aide. Il donne volontiers, mais ne sait pas recevoir.

Il est intéressant pour chacun d'entre nous de nous interroger sur ces croyances limitantes, de les mettre au jour pour mesurer à quel point elles influent sur nos comportements.

Françoise a cinquante ans. Elle est célibataire et souffre de cette situation. Elle dit avoir tout raté dans sa vie, être passée à côté du bonheur. Elle se sent « nulle ». Quand on l'interroge sur son histoire, elle se rappelle avoir eu deux tantes célibataires. Elles étaient considérées par les parents de Françoise comme des personnes égoïstes, désagréables et faisaient régulièrement les frais de remarques désobligeantes – en leur absence évidemment ! Il n'est pas étonnant, dans un tel contexte, que Françoise ait fait sienne l'idée qu'être célibataire était réservé aux personnes impossibles à vivre et acariâtres. L'image qu'elle avait d'elle-même était négative, dévalorisée. Seul un mariage aurait pu la sortir de cet enfermement.

Comprendre que la mésestime d'elle-même était en partie due à l'image du célibat véhiculée par ses parents lui a permis de prendre des distances par rapport à cette croyance, et de trouver ce qui, en elle, toute célibataire qu'elle était, avait de la valeur et était aimable.

Julien, trente-cinq ans, pense aussi qu'il ne vaut rien parce qu'il n'est pas marié. Il est l'aîné d'une fratrie de trois enfants, mais les deux autres sont mariés. Il dit que contrairement à ses frères, il n'a rien de bien intéressant à dire et à partager. Il a des difficultés à être adulte et vit dans une certaine dépendance avec ses parents.

Travailler sur sa place d'homme adulte, au sein de sa famille, avec ses parents et ses frères, lui a permis de retrouver une assurance et une meilleure image de lui.

Nicole est arrivée dans la famille très rapidement après son frère aîné. Sa maman était totalement débordée et se plaignait sans cesse de ne pas s'en sortir. Selon ses propres paroles, Nicole était arrivée « trop tôt ». Elle n'était pas prête à l'accueillir. Toutes ses paroles sont arrivées aux oreilles de Nicole, et ont résonné en elle comme : « Je suis de trop ! » Elle a bien essayé d'obtenir un peu de tendresse de sa mère, mais en vain. Elle a donc pris le parti de fuir tout attachement affectif pour ne pas risquer de trop souffrir.

Aujourd'hui, en tant qu'adulte, Nicole peut prendre du recul par rapport à cette croyance. Elle peut établir une distance entre les propos de sa mère et le rejet qu'elle a ressenti lorsqu'elle était enfant, et reprendre plus paisiblement sa vie de femme en acceptant d'entrer en relation et de s'attacher sans risque.

Au travers des liens de filiation, nous avons également hérité d'une image de l'homme et de la femme qui marque notre identité. Notre vécu de fils et de fille est un élément essentiel dans la construction de notre identité sexuée.

Une relation fusionnelle entre une mère et son fils, doublée d'un père inaccessible ou absent par exemple, pourra rendre difficile l'identification au père. Dans sa vie d'homme, ce fils pourra souffrir d'une immaturité affective et tenter de rechercher au travers de dépendances diverses (masturbation, alcool, drogue...) le soutien dont il a besoin pour affronter les difficultés de la vie. Ce même fils pourra avoir un comportement très féminin et avoir du mal à se situer en tant qu'homme dans ses relations.

Une relation conflictuelle avec un père très autoritaire et « macho » peut entraîner chez sa fille une peur, voire un rejet de l'homme. Pour d'autres, au contraire, la réaction de soumission de leur mère face à ce père dominant s'imposera à elles par identification. Elles auront tendance à se soumettre aux hommes qu'elles fréquenteront.

Nous reviendrons sur ce sujet au travers d'exemples concrets dans le troisième chapitre de ce livre, lorsque nous aborderons les blessures qui entravent la relation.

Toutes les valeurs que nous portons en nous, toutes les croyances qui nous habitent, cette image d'homme et de père, de femme et de mère reçue dans et par la relation à nos parents, influencent notre « carte du monde », notre « vision du monde ». C'est par elles et au travers d'elles que nous avançons dans la vie, que nous nous construisons en tant qu'homme et femme. Certaines d'entre elles peuvent être un moteur puissant pour aller de l'avant, d'autres seront plutôt un frein ralentissant ou stoppant notre développement en tant que personne. Les débusquer pour en faire des atouts ou au contraire pour les mettre à distance est indispensable.

D. QUE FAIRE DE L'IDÉAL DE L'HOMME ET DE LA FEMME QUI NOUS HABITE ?

Soit que nous ayons admiré le couple de nos parents et soyons satisfaits de l'héritage qu'ils nous ont laissé, soit que nous ayons rejeté l'image de l'homme et de la femme qu'ils nous ont transmise, notre expérience unique de fils ou de fille nous conduit inévitablement à nous forger un idéal qui vient aider ou perturber nos relations amoureuses. Inconsciemment, nous comparons notre partenaire avec l'époux idéal, l'épouse idéale. Ou bien encore, nous gardons présente dans notre esprit l'image du couple que nous souhaitons former. Aucun de nous n'échappe à cette tentation. Avoir un idéal peut être un moteur puissant pour accepter de faire le pas de l'engagement. Cependant, nous avons bien conscience qu'un idéal est une représentation, une image et qu'en cela elle ne bouge pas. Elle peut même bloquer… Or, le propre d'une personne est d'évoluer, de changer, de se transformer au fur et à mesure qu'elle vieillit, qu'elle traverse les différentes étapes jalonnant sa vie. Si nous nous cramponnons à l'image, nous risquons de chercher « à tout prix » à faire coller la représentation que nous avons de l'homme et de la femme, et de leur relation, avec la réalité, alors que c'est tout l'inverse que nous avons à vivre : accepter le réel et aimer l'autre tel qu'il est, et construire une relation unique. Nous pouvons reprendre à notre compte les propos de Guy de Larigaudie[9] : « Il faut coller à la vie comme on colle à un cheval. Il faut en suivre souplement les moindres mouvements, sans jamais se raidir contre elle. »

Écoutons Alain nous faire part de son expérience :

> « Lorsque je suis amoureux, je me surprends à penser à ma mère que j'ai toujours considérée comme une femme admirable sur bien des plans, et même dans son apparence physique. Bien que j'essaie de m'en défendre, je compare inévitablement ma partenaire avec elle. Sera-t-elle aussi intelligente, aussi belle, aussi tendre ? Me comprendra-t-elle aussi bien ? Et toutes ces questions m'empêchent finalement de regarder la femme qui est devant moi, de m'émerveiller de ce qu'elle est, de ce qu'elle dit. Mon esprit est occupé à comparer, je trouve toujours un défaut à ma partenaire que ma mère n'a pas, et je n'arrive pas à faire le pas de m'engager. »

Gyslaine, quant à elle, a eu un père très absent et mou. Il passait son temps libre assis devant sa télévision. Sa mère s'occupait de tout à la maison. Aujourd'hui, Gyslaine refuse de reproduire ce modèle et privilégie les rencontres avec des hommes très virils. Elle a tendance à se méfier des hommes trop doux et sentimentaux, et cherche un partenaire sur lequel elle puisse toujours compter, un roc inébranlable.

Micheline, malgré une vie de couple et de famille difficile à cause des infidélités répétées de son mari et de la maladie grave d'un de ses enfants, a trouvé la force de rester gaie, positive et dynamique grâce à la vitalité et à la force de vie que sa maman lui a transmise en tant que femme.

9. Guy de Larigaudie, écrivain et scout français (1908-1940).

Nous avons pu réfléchir avec Gyslaine sur ses véritables motivations quand elle dit privilégier les relations avec des hommes virils. Elle a réalisé qu'elle ne pouvait attendre d'un homme qu'il soit toujours aussi fort. Elle a pris conscience qu'elle devait aussi travailler chez elle cette solidité, renforcer son caractère, devenir plus forte, pour ne pas tout attendre de l'autre.

E. ALORS... QUI SUIS-JE ?

Comme nous l'avons vu dans les précédents chapitres, nous sommes homme ou femme. L'homme n'est pas la femme, et vice versa. Ce premier aspect nous différencie déjà de la moitié de l'humanité et est constitutif de notre identité.

Puis nous avons vu que notre être d'homme et de femme grandit et se développe dans un environnement spécifique que constitue notre milieu familial. Nous sommes nés dans un pays particulier, avec des coutumes, une langue, des habitudes propres à ce pays et notre famille s'inscrit dans cet enracinement. Nous avons grandi dans un milieu familial spécifique qui nous a marqués et façonnés.

Nous grandissons et nous nous développons dans une terre particulière qui est celle de notre famille. C'est au travers de notre histoire familiale, jalonnée d'expériences enrichissantes et réjouissantes mais quelquefois douloureuses, que notre identité se construit.

Il y a un proverbe qui dit : « Pour savoir où tu vas, il faut savoir d'où tu viens. »

Il y a un troisième élément constitutif de notre identité : c'est cette parole de Dieu qui dit à chacun : « Tu es mon fils bien-aimé. »

Cette parole nous donne notre filiation : nous sommes des êtres créés et nous nous recevons de Dieu notre Père.

Cela signifie que je reçois de Dieu mon identité. Je ne me donne pas à moi-même ce que je suis ; d'ailleurs je n'ai rien choisi : ni mon sexe ni la famille dans laquelle je suis né(e).

Ce que *je suis* n'est pas acquis au départ, mais est appelé à se développer et à se révéler petit à petit. C'est par mes choix que je vais permettre à mon identité de sortir de son cocon, telle la chenille qui sort de sa mue.

Je suis en quête de mon identité et toute ma vie je vais chercher à être de plus en plus dans la vérité de mon être, indépendamment du regard des autres, de leur reconnaissance.

Si j'accepte d'entendre la parole de Dieu qui me dit : « Tu es mon fils bien-aimé », ma quête d'identité se situera dans ma relation à Dieu et c'est dans cette relation filiale que petit à petit me sera révélée mon identité.

Dieu donne à chacun un nom : Abram devient Abraham, Simon devient Pierre. En donnant le nom, Dieu donne à chacun sa mission qui est unique et personnelle. Chacun a une place à tenir et chacun est unique.

Pour illustrer cela, on peut prendre l'exemple de deux personnes jumelles. Celles-ci, de même sexe, nées dans un même environnement familial, avec le même patrimoine génétique ont, au démarrage, exactement les mêmes données concernant leur identité. Et pourtant elles sont uniques et vont grandir en se différenciant et en développant leur personnalité propre.

Julie est jumelle et toute sa vie elle a lutté pour trouver sa place, pour exister en tant que personne et non comme « les jumelles ». Tout le monde les confondait, jamais personne ne les appelait par leur prénom, et dans leur famille, elles étaient « les jumelles ».

Dieu, dans un temps de prière, l'a guérie de sa difficulté à être toujours confondue avec sa sœur en lui donnant l'image de ses deux mains. Sur une main était inscrit son prénom et sur l'autre le prénom de sa sœur. À partir de ce moment-là, Julie a compris que pour Dieu, elle était unique et elle a pu commencer à réaliser qu'elle existait comme une personne. Elle est sortie de la confusion dans laquelle elle était plongée.

Sois toi-même et deviens qui tu es.

C'est une loi de vie[10]. Dieu m'a créé unique et le vrai bonheur est d'être qui je suis. Quand je suis moi, je goûte à une paix intérieure qui me donne d'être dans la vérité et la sécurité indépendamment des conditions extérieures de ma vie.

Mon être profond va donc se développer dans un cadre : celui de mon être sexué et celui de ma famille. À ma naissance ce cadre est vide et c'est moi qui vais écrire l'histoire de ma vie à l'intérieur de ce cadre.

Être soi ne veut pas dire faire ce que j'ai envie, affranchi de tout devoir, de toutes limites sans tenir compte de personne.

Être soi ne signifie pas non plus exister seul, sans attaches, en se coupant de ses origines, de ses ancêtres, de son pays, de sa religion.

Être soi veut dire se connaître, s'aimer, s'accepter, se respecter tel qu'on est dans son corps, son âge, dégagé de ces dépendances qui peuvent nous garder comme indifférencié aux autres, par exemple à nos parents.

Être soi signifie pouvoir ressentir, choisir, penser, désirer, s'exprimer en son nom propre : je ne suis pas dans la projection du désir de mes parents par exemple : j'existe…

Être soi, c'est avoir une autonomie psychique qui

10. Simone PACOT, *Reviens à la vie !*, Paris, Éd. du Cerf, 2002.

fait que je ne vis pas à l'extérieur de moi à travers des liens de dépendance ou des liens fusionnels avec des choses ou des personnes.

Devenir soi est un travail à part entière… C'est souvent le travail de toute une vie… C'est la plus belle conquête qu'on puisse réaliser, c'est le secret du bonheur.

F. TRAVAIL PERSONNEL

Voici quelques questions qui vont, nous l'espérons, vous aider à mieux comprendre quelle femme ou quel homme vous êtes.

Questions que je peux me poser en tant que femme :

1. Quelle image de la femme est-ce que je porte en moi : qui étaient ma mère, mes grands-mères ? Comment étaient-elles femmes, épouses et mères ?
2. D'où me viennent ces images ? Éducation, histoire, culture ?
3. Est-ce que ces images ont généré en moi des croyances[11] sur ce qu'est ou doit être une femme ? Sur ce que je suis ou ce que je devrais être ? Lesquelles ?
4. Ai-je une vision positive de ma féminité ? Ou au contraire est-elle dévalorisée ? Pourquoi ?
5. Quelle image de moi est-ce que je donne à voir ?
6. Que signifie pour moi « être indépendante » ?

Dans ma vie quotidienne :

1. Ai-je l'occasion de transmettre la vie d'une façon ou d'une autre ? Comment ?
2. Est-ce que j'accepte d'être protégée, ou au contraire ai-je l'impression de n'avoir besoin de personne ?

11. Voir p. 30 et s.

Questions que je peux me poser en tant qu'homme :

1. Quelle image de l'homme est-ce que je porte en moi : qui étaient mon père, mes grands-pères? Comment étaient-ils hommes, époux et pères?
2. D'où me viennent ces images? Éducation, histoire, culture?
3. Est-ce que ces images ont généré en moi des croyances sur ce qu'est ou doit être un homme? Sur ce que je suis ou ce que je devrais être? Lesquelles?
4. Quels sont les rapports que j'entretiens avec ma mère?
5. À quelles occasions fais-je appel à elle?
6. Quand je pense à mon avenir, quel(s) sentiment(s) m'anime(nt) ? Joie, excitation, inquiétude, peur, angoisse?
7. Quelles sont les conséquences de ces sentiments dans ma vie aujourd'hui?

Avant d'être époux et épouse et pour pouvoir s'engager dans une relation, nous sommes et resterons toujours fils et fille de nos parents. C'est dans cette relation de fils et fille que nous avons tissé notre être d'homme et de femme. Alors nous pouvons chacun regarder **de quelle lignée d'hommes et de femmes nous sommes issus :**

1. Quel homme était mon père?
2. Quelles relations entretenait-il avec moi?
3. Quelle image de mari m'a-t-il laissée?
4. Qu'est-ce que j'ai à lui reprocher?
5. Qu'est-ce que j'admire en lui?
6. Quelle femme était ma mère?
7. Quelles relations entretenait-elle avec moi?
8. Quelle image d'épouse m'a-t-elle laissée?
9. Qu'est-ce que j'ai à lui reprocher?
10. Qu'est-ce que j'admire en elle?

CHAPITRE II

Qu'est-ce qu'aimer ?

À cette grande question qui touche à la définition de l'amour s'ajoutent toutes celles qui concernent la relation d'amour :

– Est-ce que ce que je vis, ce dont je rêve est de l'amour ?

– Est-ce que je l'aime vraiment (comme s'il existait un baromètre de l'amour, des différentes façons d'aimer) ?

– Est-ce que je l'aime assez (sous-entendu : assez pour m'engager avec lui, avec elle) ?

– Je ne ressens pas ou plus de passion… Est-ce la fin de notre amour ?

– J'ai des doutes, est-ce que cela veut dire que je ne l'aime pas ?

– Il ne m'apporte pas ce que je souhaite… Est-ce le signe qu'il n'y a pas d'amour ?

Avant de répondre à ces questions et interrogations qui reviennent fréquemment, il s'agit de s'accorder sur une définition de l'amour, et pour cela de débusquer toutes les fausses idées de l'amour qui sont autant d'obstacles à un bon discernement.

A. LES FAUSSES IDÉES DE L'AMOUR

1. L'amour n'est pas la passion.

Si celle-ci peut être au rendez-vous de la rencontre amoureuse, ce n'est, en tout cas, pas le passage obligé pour le démarrage d'une relation amoureuse.

On peut aimer sans avoir vécu « la grande passion ».

La passion, c'est l'amour de l'amour. Elle est gratifiante parce que pleine d'émotions et riche en sentiments très forts. Elle est comme un bain bouillonnant dans lequel on se plonge avec délices.

La passion donne une sensation d'ivresse et un sentiment de toute-puissance (« Plus rien ne pourra m'arriver ! »).

Dans ce moment-là, on est aveuglé. *La raison est totalement mise de côté*. Ne comptent plus que les sentiments qui sont tellement forts qu'ils peuvent être recherchés pour eux-mêmes. Le risque est alors d'aimer le plaisir que me procurent ces sensations plus que d'aimer la personne elle-même. La passion est éphémère. Elle ne dure pas : entre deux mois et trois ans. Elle est très gratifiante sur le plan émotionnel, mais la quête de la passion remplace celle de la liberté et de l'équilibre. Elle peut être terriblement destructrice parce qu'elle aveugle ceux qui en sont la proie. Tout l'être est envahi par la vie émotionnelle. On pourrait alors la comparer à un torrent en crue qui envahit et détruit tout sur son passage. En effet, la raison est mise de côté, l'intelligence et la capacité de discerner sont brouillées et tous les proches qui pourraient émettre des réserves ou des doutes quant à la vérité de la relation amoureuse ne sont pas entendus. Les oreilles des « amoureux passionnés » sont bouchées et leurs yeux aveuglés.

La passion, pour devenir de l'amour, doit se transformer en un sentiment plus paisible, moins tumultueux qui intégrera une réflexion, qui interrogera la raison.

Questions :

1. Est-ce que je reconnais que je suis dans une passion amoureuse ?
2. Que restera-t-il de l'amour quand la passion s'éteindra ?
3. Qu'est-ce que je connais de l'autre ? Quelles qualités ? Quels défauts ?

2. L'amour n'est pas non plus uniquement un sentiment.

Celui-ci est souvent le point de départ d'une relation amoureuse :

– Je ressens envers ce garçon ou cette fille de l'attirance physique.

– Je ressens beaucoup de joie en sa présence.

– Je ressens un grand vide quand il (elle) n'est pas là.

Mais si l'amour n'en reste qu'au stade du sentiment, il ne touche qu'au domaine du sensible.

Cela nous ramène à nouveau à une quête satisfaisante pour nous-mêmes.

Si l'amour n'est évalué qu'en fonction du degré d'intensité et de satisfaction sensibles qu'il me donne, cela signifie que « plus je ressens d'émotions, plus j'aime ».

Or ceci est faux : il peut y avoir un vrai amour sans pour autant être dans le domaine du sensible.

Par exemple, l'amour peut naître d'une amitié longue et solide entre un garçon et une fille. Le point de départ de l'amour sera alors peu riche en émotions sensibles, ce qui ne signifie pas une absence d'amour.

L'amour, quand on se pose la question de l'engagement, ne consiste pas dans la perception d'un sentiment, mais dans le désir du don de toute sa personne et dans l'acceptation de l'amour de l'autre.

Il y a alors dans l'amour une part de raisonnable.

Actuellement, on observe « un divorce » entre l'amour et la raison. Comme si on pouvait opposer le cœur et la raison.

Or le sentiment, pour devenir de l'amour durable, doit être passé au crible de la raison.

Questions :

1. De qui êtes-vous amoureux ? De l'amour ? Des gratifications reçues dans cette relation ?
2. Qu'est-ce qui est le plus important pour moi : la personne que j'aime ou le fait de me sentir aimé et d'aimer ?
3. Si vous cessiez cette relation, qu'est-ce qui vous manquerait le plus : est-ce la personne aimée ou bien la relation amoureuse avec ses avantages ?

3. L'amour, pour être vrai, devrait s'imposer comme une certitude.

Dans cette fausse idée, il y a un refus de reconnaître que l'amour est imprévisible.

L'amour est gratuit, il prend des visages inconnus que je n'avais pas envisagés.

M. est asiatique de nationalité chinoise. Elle s'était fixé un certain nombre de critères de ce que serait pour elle le mari idéal. Dans ses critères il y avait le fait d'être chinois et protestant comme elle… La première personne avec qui elle a noué une relation correspondait à tous les critères.

« J'avais tout prévu, tout organisé, mais je n'étais pas amoureuse », dit-elle. Puis elle a rencontré un autre garçon, français, européen et catholique. Et là, l'amour était au rendez-vous, surprenant par son aspect inattendu.

Si je me bloque sur mon idéal d'amour, sur des critères prédéterminés, fixés à l'avance, alors je préfère mon idéal à la réalité de la relation.

L'amour vient bousculer nos plans, nous surprend par son aspect inattendu et non conforme à l'idéal construit.

L'amour, dans ce contexte, ne va donc pas s'imposer comme une certitude. S'il prend l'aspect de l'inconnu, du différent, de l'imprévisible, il va nous surprendre, susciter des interrogations, des doutes.

Ce n'est pas parce qu'il y a un questionnement, voire des doutes, qu'il n'y a pas d'amour.

4. L'idée de l'âme sœur

« Comment savoir s'il (elle) est le "bon" ? »

« On est incompatibles, on a trop de différences ! »

Derrière ces paroles entendues se cache l'idée qu'il y aurait, quelque part, une personne, une seule, qui me correspondrait, qui serait l'âme sœur avec qui je vivrais un ajustement parfait.

La dernière campagne publicitaire d'un site de rencontre bien connu sur Internet disait : « Inutile de rencontrer le premier venu si le deuxième est fait pour vous. »

Derrière ce slogan se cache l'idée d'un partenaire idéal et rêvé.

Si celui avec qui on est ne correspond pas à cet idéal, on peut préférer rester dans cet idéal plutôt qu'accepter la réalité de la personne avec qui on vit une relation.

« Ainsi sacrifierait-on le couple réel au couple idéal, le partenaire imparfait mais présent, au partenaire rêvé[1]. »

Pour les chrétiens s'ajoute l'idée de celui ou celle que Dieu nous aurait « préparé de toute éternité » !

Idée baroque qui transforme Dieu en administrateur d'une immense agence matrimoniale !

Si Dieu nous accompagne dans notre choix, il nous laisse à notre liberté qui ne s'exerce que dans un choix décidé, volontaire et réfléchi.

La personne aimée devient « la bonne », celle qui me convient, uniquement et seulement à partir du moment où elle est choisie. Alors elle devient l'unique.

5. L'idée de la fusion

Être totalement un avec l'être aimé.

La fusion, c'est l'abolition du « tu » et du « je ». C'est l'impossibilité d'accepter la différence de l'autre. C'est le refus de vivre un conflit.

La fusion nie l'altérité, nie l'individualité, la fusion est mortifère parce qu'on se perd l'un dans l'autre.

La vie jaillit au cœur de la différence.

Peut-on se marier avec quelqu'un de très différent de par son milieu social, son éducation, sa race, sa couleur de peau, sa religion, ses études, ses diplômes.

Cela fait peur, dérange…

Oui bien sûr, tout est possible… Mais tout n'est pas facile et tout n'est pas forcément souhaitable. Il est plus facile d'épouser quelqu'un avec qui on se retrouve sur des terrains semblables.

L'amour au départ se fonde sur ce qui nous réunit.

1. Xavier LACROIX, *Les mirages de l'amour*, Paris, Bayard, 1998, p. 29.

C'est ce que nous avons en commun qui va permettre le lien. Une des difficultés souvent évoquées par les couples est : « Nous n'avons rien en commun. » C'est très important d'aimer faire ensemble certaines activités : sport, activités culturelles, intellectuelles, spirituelles, mais qu'est-ce qui nous réunit, vers quel projet allons-nous ?

Quelle unité vivons-nous ?

Nous ne sommes pas toujours conscients de ce qui nous réunit et qui va bien au-delà des goûts communs.

Quand on commence à être amoureux, on découvre avec émerveillement ce qui nous rassemble et, dans un discernement vers un engagement, cela vaut la peine de prendre le temps de regarder ce qui nous réunit : nos activités, nos traits de caractère communs, nos aspirations, nos valeurs communes et pourquoi nous voulons faire notre vie ensemble.

Mais ce n'est pas parce qu'on découvre beaucoup de différences qu'il faudra renoncer à la relation. En effet si on intègre qu'aimer c'est comprendre que les besoins de l'autre ont autant d'importance que les siens, alors chacun sera respecté dans sa différence et le lien de couple se construira sur le respect mutuel.

Florence est très amoureuse d'un garçon d'une autre culture. Sa famille est farouchement opposée à ce mariage. Elle hésite. Les critiques de ses parents, les menaces : « Si tu l'épouses, tu ne remettras plus les pieds à la maison… » la plongent dans un grand questionnement. Elle a l'impression de vivre écartelée entre cet amour qui lui semble être l'amour de sa vie et sa famille.

Dans le même temps, elle rencontre un garçon qui est conforme au cadre et aux valeurs de la famille. Elle me dit : « Il est comme nous, il ne dépareillerait pas, il s'entendrait bien avec tout le monde. »

Mais voilà, faut-il forcément aller vers celui qui nous ressemble ? Florence a choisi. Elle a épousé son premier amour et est très heureuse avec lui, même si leurs différences peuvent être source de conflits dans leur couple.

L'absence de différence rassure, mais à ne rechercher que ce qui est pareil, on ne crée pas les conditions pour une bonne distance qui permet à chacun de grandir dans la réalisation de soi.

Sinon, c'est toujours « moi » que je recherche dans l'autre : le miroir de mes qualités, la projection de mes défauts.

Quand il y a de grandes différences, il s'agira alors d'établir une très bonne communication pour pouvoir entrer dans la négociation afin de savoir ce à quoi on tient de manière indéfectible.

L'amour va au-delà de ce qui nous rassemble, et le lien que nous allons construire ensemble sera plus fait de l'intimité que nous allons créer, des projets que nous allons réaliser, que du constat de ce que nous avons en commun.

Mais encore plus que l'acceptation en profondeur de ce qu'est l'autre, il y a la peur du regard des autres.

Comment va-t-il (elle) être accepté(e) par mes amis, par ma famille ?

Comme si c'était moi qui étais jugé au travers du choix que je pose.

Par exemple, la manière de se tenir à table, la façon d'être à l'aise ou non en société, le fait d'avoir une certaine culture peuvent être autant d'obstacles vécus par certains comme quelque chose d'impossible à assumer.

Le véritable problème est alors lié à l'estime que j'ai de moi-même et à l'autonomie que je peux avoir par rapport au regard des autres.

Est-ce que celui ou celle avec qui je veux m'engager doit être conforme à un idéal familial ou suis-je prêt à affronter le regard, peut-être négatif, que mes parents peuvent porter sur certains aspects de la personnalité de celui ou celle que j'aime ?

Si je suis moi-même dans un état encore un peu fusionnel avec ma famille, je ne pourrai pas prendre la distance nécessaire pour poser un choix libre par rapport à ce que je sais être important pour eux.

Je peux avoir peur de « perdre » l'amour de mes parents ou bien peur de leur déplaire.

Dans certaines familles, le choix d'un conjoint peut entraîner un rejet de la personne. Celle-ci se sent alors tiraillée, devant faire un grand écart entre la loyauté envers sa famille d'origine et cet amour non conforme à l'idéal familial.

Certains seront dans l'impossibilité de « choisir » la personne aimée de peur de « trahir » un certain idéal familial : d'où angoisses irrationnelles, souvent incomprises.

Christine est amoureuse d'un garçon issu d'un milieu ouvrier. Elle-même vient d'un milieu plus « bourgeois ».

Leur éducation est très différente. Ils n'ont pas du tout les mêmes habitudes quant à la façon de se tenir à table, d'envisager les relations avec leurs amis.

Elle reconnaît qu'elle est très heureuse quand elle est seule avec lui. Mais dès qu'ils sont avec d'autres, elle craint leur regard. Elle est sur la défensive, elle se sent jugée par le regard que les autres posent sur cet homme qu'elle aime.

Pour elle, le choix se pose entre sa famille, ses amis et l'homme qu'elle aime. Finalement elle décidera de ne pas épouser cet homme-là.

6. Un amour totalement comblant

« Je veux que tu me rendes heureux. »

« Je veux que tu me remplisses, que tu me combles. »

« Si je ne suis pas heureux (heureuse), c'est de ta faute. »

« Il (elle) ne m'apporte pas ce que j'attends. »

Au travers de ces phrases, nous comprenons que nous attendons notre bonheur de l'autre. Je rends l'autre responsable d'une mission impossible : il devient le moyen de mon bonheur.

L'amour devient indispensable à la réalisation de soi.

On fait porter à l'autre son désir de bonheur.

À tout attendre de l'autre, on risque de se transformer en tyran : « Je veux, j'exige, j'attends… »

À travers cette quête d'un amour comblant, c'est de nouveau moi que je recherche. Ce qui gouverne ma recherche d'amour va être sous-tendu par un calcul de tout ce que l'autre m'apporte ou ne m'apporte pas. Ce que je cherche alors dans cette quête d'amour, ce n'est pas l'autre, mais à travers lui c'est moi, mon bonheur, mon épanouissement…

Quand on s'engage dans les liens du mariage, on s'engage par cette formule de consentement : « Je me donne à toi pour t'aimer… »

Si on veut être un peu provocant, on peut dire qu'on ne s'engage ni à être heureux ni à rendre l'autre heureux, mais on s'engage à tout essayer pour rendre l'autre heureux. La nuance est de taille : quand je suis dans cette disposition d'esprit, je ne suis plus dans l'exigence mais dans l'accueil du don que l'autre me fait.

Le bonheur découle de l'amour, il en est un fruit. On le reçoit comme un cadeau ; c'est la cerise sur le gâteau.

S'il devient un but, une fin, le risque est que la relation devienne le moyen de mon épanouissement à tout prix sans égard pour l'autre.

Quand on aime, bien sûr on va tout faire pour que l'autre soit heureux. Quel est l'amoureux qui ne souhaite pas voir sa bien-aimée heureuse ? On pourrait alors se poser des questions sur la qualité de son amour.

Mais même le plus bel amour ne va pas supprimer les frustrations, les incompréhensions, les attentes déçues. C'est au cœur même de tout cela que se vit l'amour.

Le véritable amour commence à partir du moment où on accepte d'être déçu par l'autre. C'est alors qu'on peut dire à l'autre : je t'aime parce que c'est toi.

7. Un amour sans contrainte et paradisiaque

On s'aperçoit que plus on est proche, plus les obstacles à la communication existent, plus les incompréhensions se multiplient : on peut avoir du mal à se comprendre,

En effet, il n'est pas difficile d'être ami avec quelqu'un qu'on voit rarement. Plus on est proche, plus la vie devient source de conflits. On se dispute rarement au sujet des grandes décisions de la vie, par contre, les difficultés surviennent quand on est confronté aux habitudes différentes de l'autre. Cela va de la manière de fermer ou non le tube de dentifrice à la façon de ranger les placards, de faire le lit, de ranger le lave-vaisselle, de regarder ou non la télévision… La liste est interminable.

On peut relire dans la vie de sainte Thérèse de l'Enfant-Jésus ce qu'elle décrit sur les habitudes exaspérantes de certaines de ses sœurs et sur sa façon à elle de vivre avec amour toutes les contrariétés que cette proximité pouvait occasionner.

L'amour rend vulnérable.

Avec la personne aimée, on ose être sans masque et toutes les difficultés et incompréhensions sont vécues avec d'autant plus d'acuité que la proximité est grande.

L'amour ne lève pas les obstacles, ne supprime pas toutes les difficultés. Aux moments heureux en succèdent d'autres qui le sont moins. On peut avoir, à certains moments, le sentiment de vivre une profonde communion puis rencontrer ensuite de l'incompréhension.

Benoît XVI, dans son encyclique sur l'amour, dit bien que pour faire du bon vin, il faut une alternance de jours de soleil et de jours de pluie. La pluie est aussi nécessaire à la croissance du raisin que le soleil.

Pour l'amour, c'est la même chose. On peut rêver « d'un paradis sans désert, sans quête ni renoncement, sans contradiction ni dépassement, mais alors on est dans la recherche d'un Éden immédiat[2] ».

Or, on le sait, la vie de couple ne peut être comparée à « cet Éden plage » dont on peut encore rêver quelquefois, parce que ce serait nier que pour aimer il faut se mettre au travail.

Il n'est pas naturel de se décentrer de soi pour se tourner vers l'autre. Il n'est pas naturel d'établir une relation d'amour toujours plus attentive, plus compréhensive envers l'autre. Il n'est pas naturel de transformer les contrariétés de la vie en actes d'amour, il n'est pas non plus naturel de rentrer dans une profonde acceptation de la réalité de l'autre sans chercher à le changer, pour qu'il devienne ce que nous voudrions qu'il soit.

L'amour ne supprime pas les limites de chacun.

2. Xavier LACROIX, *Les mirages de l'amour*, p. 54.

On aime avec tout ce qu'on est, avec son passé, son histoire familiale, ses blessures, et l'amour ne lève pas tous les obstacles, ni ne guérit toutes les blessures.

Même si ce n'est pas à la mode de parler de renoncement surtout quand on parle d'amour, il faut dire et répéter qu'il ne peut y avoir d'amour vrai sans frustrations, sans renoncements, sans contrariétés. Dire le contraire serait nier la réalité de la vie.

Par contre, on peut reprendre ces vers du poète Armando Nervo :

Ne pense pas : je souffrirai.
Ne pense pas : je me tromperai.
Va simplement, allègrement,
À la recherche de l'amour.

Cherche à aimer comme tu peux,
À aimer tout ce que tu peux,
Aime toujours.

Quand on a la foi, on peut imaginer être à l'abri des difficultés que vivent ceux qui ne croient pas en Dieu. C'est oublier cette phrase de saint Paul qui dit : « L'amour se déploie dans la faiblesse. »

S'il est vrai que croire en Dieu et en Son action dans notre vie est essentiel et central, l'amour de Dieu ne gomme pas la nature humaine, ne supprime pas les difficultés de la vie. Dieu n'est pas l'assurance tous risques que nous pourrions souscrire pour éviter tout dommage !

Dieu est là et comme avec les compagnons d'Emmaüs, Il avance avec nous sur ce chemin de l'amour.

Il est au cœur de nos difficultés, de nos incompréhensions, de nos déceptions. C'est Lui qui nous enseigne la manière de vivre avec amour tout cela. Encore faut-il que nous Lui demandions.

Questions :

1. Qu'attendez-vous de la relation amoureuse ?

2. Cherchez-vous à combler un vide, un manque, un désir de reconnaissance, de tendresse, une quête d'affection ?

3. Avez-vous réfléchi aux raisons qui vous poussent à désirer vous mettre en couple ? Ou au contraire à celles qui vous en empêcheraient ?

4. Quelle place la relation amoureuse tient-elle dans votre vie ? Soit dans votre imaginaire, soit dans la réalité ?

5. Que privilégiez-vous : l'amour de l'autre ou l'amour de la relation ou encore l'amour de ce que le fait d'être avec quelqu'un vous apporte ?

6. Comment vivez-vous les conflits dans cette relation amoureuse ?

7. Peut-il y avoir des conflits ou bien les évitez-vous ? S'il y en a, comment les résolvez-vous ?

B. QU'EST-CE QU'AIMER ?

Définir ce qu'est l'amour est difficile.

Tout d'abord parce que la langue française est très pauvre. On emploie le même terme pour dire qu'on aime le chocolat, son chat et son « ami(e) ».

D'emblée, on voit qu'on ne parle pas du tout de la même réalité quand on évoque ces trois domaines.

Quel est cet amour qui nous entraîne à nous « engager pour la vie » avec une seule et même personne ?

Là encore, c'est quelquefois plus facile de le définir par le négatif comme nous l'avons fait à travers toutes les fausses idées de l'amour.

L'amour n'est pas une passion, uniquement un sentiment, une recherche d'émotions, de sensations, de gratifications.

L'amour n'est pas non plus une fuite de soi, de son mal-être, une recherche de solutions à une situation difficile (solitude, grossesse, etc.).

L'amour n'est pas non plus d'aimer l'état dans lequel on est quand on est amoureux.

L'amour dans sa réalité très complexe et très mystérieuse se définit difficilement. L'amour n'entre pas dans une définition. L'amour s'apprend, se découvre, se construit.

C'est en marchant qu'on apprend à marcher, et on pourrait dire que c'est en aimant qu'on apprend à aimer.

– Aimer est une « tâche », un travail, un apprentissage. Aimer est un acte.

– Aimer, c'est « reconnaître » l'autre avec une capacité d'émerveillement et de gratitude. « Tel que tu es, je t'aime. » Cela signifie que dans cette relation, je ne chercherai ni à changer l'autre ni à le modeler à ma manière. L'autre peut me déconcerter, me déranger, mais je « reconnais » l'autre pour ce qu'il est, dans sa différence et dans ce qu'il a de commun avec moi.

– Aimer, c'est essayer d'approcher la vérité de l'autre en me débarrassant de mes illusions et de mes projections, tout en sachant qu'il restera un mystère et que je n'en ferai jamais le tour.

– Aimer, c'est accueillir. Cela signifie que si mon cœur n'est pas ouvert, comme dilaté pour accueillir ce don, je ne pourrai pas rentrer dans ce mouvement de l'amour.

– Aimer, c'est faire confiance à l'autre.

– Aimer, c'est se laisser attirer par l'autre. S'il n'y a aucune attirance physique l'un envers l'autre, on peut alors s'interroger sur cet amour.

– Aimer, c'est désirer. Le désir est différent du besoin : le besoin remplit, comble, alors que le désir me tourne vers l'autre. Quand je dis à l'autre : « Je te désire », ce n'est pas : « Je te désire pour te posséder ou pour mon plaisir » (c'est alors un besoin à satisfaire), c'est : « Je te désire pour me donner, pour t'aimer, pour te recevoir, t'accueillir tel(le) que tu es. »

Quel est mon désir profond ?

Il y a nos besoins immédiats et notre désir.

Connaître son désir, c'est répondre à la question de Jésus : « Que cherchez-vous ? Ou que veux-tu que je fasse pour toi ? »

– Aimer, c'est s'ouvrir à l'autre, mais aussi au monde. Si une des caractéristiques de l'amour est de décentrer de soi, la rencontre amoureuse appelle à l'ouverture aux autres. L'amour est diffusif de soi. Il appelle au rayonnement, à la fécondité. Il est contagieux.

– Aimer, c'est rentrer dans ce mouvement d'acceptation de soi et de l'autre. Accepter qui je suis et accepter l'autre tel qu'il est. Accepter la réalité de la relation sans la rêver différente ni l'idéaliser.

Plus je découvre les limites de l'autre, plus je découvre aussi ma capacité à accueillir, ou à ne pas accueillir, la réalité de l'autre.

L'autre peut être avec moi ce qu'il est, sans jouer un personnage, sans se cacher : il n'a rien à prouver, il n'a pas à faire ses preuves comme s'il passait un examen chaque jour.

– Aimer, c'est refuser de prendre, de posséder. Prendre l'autre pour me satisfaire, pour me rassurer, pour combler mes besoins, mes manques, pour m'apporter ce que je souhaite. Aimer, c'est refuser de chosifier l'autre et de se laisser chosifier.

– Aimer, c'est choisir… Choisir d'aimer, choisir de se donner, choisir la personne avec qui je suis comme étant « l'affaire du siècle ». Choisir de le (la) préférer à tous (toutes) les autres. Choisir aussi la situation dans laquelle nous sommes.

– Aimer, c'est accepter le temps. L'amour pour grandir a besoin de temps. L'amour n'est pas statique, il est mouvement et vie. Ou il grandit ou au contraire il va s'éteindre. Si l'amour est une construction, qu'allons-nous construire ensemble : une cathédrale ou une chaumière ?

– L'amour est un projet et nous tourne vers l'avenir. Projet d'enfants, projet de famille, projet professionnel, projet de réalisations communes.

– Aimer c'est créer un lien avec celui (celle) que j'aime. Ce lien n'est pas une liane qui enferme, étouffe, mais un lien qui nous relie l'un à l'autre, dans la complicité, dans une proximité qui n'est pas fusionnelle. Ce lien est fait de tout ce que nous allons construire ensemble, de notre histoire commune, de toutes nos paroles échangées, des bons comme des moins bons moments vécus ensemble.

C. ENTRER DANS UNE JUSTE RELATION

1. Attention à l'imaginaire

Au risque de dire une banalité affligeante, il semble important de bien souligner que pour entrer dans une relation, la première condition est d'être deux !

Pour exister et se développer, la relation doit être réciproque.

Pour avoir reçu des personnes célibataires qui vivaient une relation plus dans leur tête que dans la réalité, nous savons qu'il est important de bien préciser cela.

Aurélie aime un garçon depuis plusieurs années. Elle se pose la question du mariage avec lui.

Mais à la Saint-Valentin, elle reçoit un magnifique bouquet de fleurs d'un admirateur qu'elle rencontre à l'hôpital dans lequel elle travaille.

Elle est d'autant plus troublée qu'elle est très sensible à ces marques d'attention et que le garçon « avec qui elle est » ne lui manifeste jamais son amour par ce genre d'attentions.

Elle est tellement troublée qu'elle en vient à remettre en cause son engagement avec Luc. Elle pense tout le temps à ce garçon et elle commence même à élaborer tout un roman avec lui. Seulement tout ceci se passe entre elle et elle…

À l'issue d'un entretien, elle accepte de rencontrer ce garçon dans un lieu neutre (café, restaurant), pour confronter ses idées à la réalité : ce garçon l'aime-t-il, elle-même le connaît-elle ?

La rencontre a lieu et un seul moment en tête à tête suffit à lui montrer combien elle faisait fausse route. Tout se passait dans sa tête et son imaginaire.

Attention à l'imagination. On la nomme « la folle du logis » ! Si elle peut être merveilleuse pour la créativité, elle peut être dangereuse quand elle n'est pas confrontée à la réalité.

Hector rencontre Amélie pendant l'été. Ils partent en randonnée ensemble. À la fin de cette randonnée, Amélie quitte Hector et d'un commun accord ils se disent qu'ils n'étaient vraiment pas faits l'un pour l'autre.

Seulement Hector n'oublie pas Amélie. Il pense tout le temps à elle, il se dit qu'ils ne sont pas allés au bout de leur réflexion, que leur rupture n'était pas définitive, qu'ils se sont quittés sur un coup de tête. Son esprit est envahi par la présence d'Amélie.

Là aussi Hector est invité au terme d'un entretien à rencontrer Amélie en préparant bien ce qu'il attend de cette rencontre. Il décide que s'il revoit Amélie, ce sera pour vérifier si elle a pour lui des sentiments ou non.

Rendez-vous pris, ils se retrouvent et Hector se rend compte qu'Amélie a définitivement tourné la page et ne pense plus du tout à lui.

Il est en même temps un peu triste mais soulagé. Lui peut aussi tourner la page et clore définitivement un chapitre qui envahissait tout son imaginaire.

Trop souvent on peut remarquer combien des relations en restent au stade imaginaire. On interprète les conduites de l'autre dans le sens souhaité.

Il suffit que ce garçon qui me plaît se soit mis à côté de moi à une réunion ou pendant la messe, et cela signifie qu'il tient à moi.

Ou encore ce garçon m'a invitée deux fois à une soirée. Cela veut aussi dire qu'il m'aime !

Une jeune fille a ainsi envoyé à un garçon une lettre enflammée, suite à deux invitations, lui proposant de faire le point sur leur « amour ». Le résultat a été immédiat : le garçon a pris la fuite en courant. Il n'en était pas du tout là.

Et puis pour ceux qui croient en Dieu, il y a aussi le risque de voir des signes de Dieu partout et d'interpréter certains comportements dans le sens de ce qu'on souhaite.

Pour avoir rencontré des couples qui se sont mariés parce qu'ils s'étaient rencontrés à un groupe de prière et qu'ils avaient reçu « une confirmation » que celui-là était « le bon », « la bonne », nous savons combien cela peut être dangereux de spiritualiser une rencontre.

Je peux ainsi me mettre à l'affût de signes extérieurs qui décideront à ma place au lieu de présenter à Dieu mon choix.

Je peux attendre que Dieu me présente « la personne qu'il a prévue pour moi de toute éternité ». Quelle idée fausse de Dieu et de la liberté qu'il nous donne !

S'il est vrai que Dieu est présent dans un discernement, et qu'il est très important de l'inviter dans cette décision, il est irresponsable de s'engager dans une relation qui n'a pas été passée au crible de la raison et de l'intelligence.

2. Faire le deuil

Certaines personnes célibataires disent avoir un fort désir de se marier, mais quand on les interroge, on s'aperçoit qu'en fait elles tiennent énormément à leur vie actuelle.

Si le célibat a des inconvénients et comporte une part de souffrances, il a aussi ses avantages. Le célibataire est seul à diriger sa vie, il peut s'organiser comme il veut, il n'a pas de contraintes, il n'a personne avec qui négocier l'organisation de ses week-ends ou de ses vacances, ou même de son temps de travail. Personne ne vient déranger sa vie, son appartement, prendre sa voiture de manière intempestive.

Le célibataire peut s'organiser une vie dans laquelle il n'y a pas de place pour quelqu'un. Tout en se plaignant, certains célibataires reconnaissent ne pas être prêts à ouvrir un espace pour une rencontre amoureuse.

Ou bien, leur vie est tellement remplie par des loisirs, des voyages, des sorties qu'ils n'ont pas du tout envie d'envisager une vie de couple.

Jean-Paul a trente-deux ans. Il vit avec Julie depuis un certain temps. Tous les week-ends, il part soit pour visiter quelque chose, soit pour faire une expérience sportive un peu extraordinaire. Il part avec des amis et, souvent, Julie reste à la maison. Quand il revient, il retrouve Julie qui l'attend patiemment.

Julie aimerait bien avoir des enfants, mais Jean-Paul n'est pas du tout prêt à renoncer à cette vie tellement enthousiasmante. Il n'a aucune contrainte, il fait ce qu'il veut, il organise son temps comme il veut et, en plus, il a, quand il rentre, une chérie qui l'attend…

La vie de couple et de famille prend alors le visage de quelque chose d'ennuyeux, de routinier. Finies les escapades, les rigolades entre amis, il faut remplacer cela par les couches et les biberons… La perspective vue sous cet angle est peu engageante !

Mais, hélas, Jean-Paul est pris dans un véritable tourbillon qui lui donne l'illusion du bonheur. Il est centré sur lui, et à rechercher ce bonheur fait de loisirs, de distractions et de plaisirs, il ne sait pas répondre à l'amour qui lui est offert.

Pour rentrer dans une relation, il faut « quitter » :

– quitter ses parents ;

– quitter sa vie d'adolescent ;

– quitter sa vie d'étudiant ;

– quitter sa vie de célibataire ;

– quitter l'idéal imaginaire dans lequel on peut être enfermé ;

– quitter l'idée qu'il existe peut-être quelque part ailleurs quelqu'un de mieux que la personne avec laquelle je suis ;

– quitter l'idée que je pourrais encore avoir « le choix ». Comme si l'amour était un immense supermarché dans lequel je pourrais choisir entre des créatures différentes celle qui me conviendrait le mieux.

Pour entrer en relation, nous sommes appelés à quitter, comme Abraham qui est invité à quitter « la maison de son père » : quitter le monde que nous connaissons pour aller vers un inconnu qui peut nous faire peur.

Bien sûr il y aura toujours ce pas de confiance à faire : « Va vers la terre que je t'indiquerai. » Cette terre, je ne la connais pas, il va falloir la découvrir. Mais c'est ma terre, celle dans laquelle je vais me planter pour porter du fruit.

C'est à cette condition, à cette unique condition, que je pourrai rentrer en relation avec quelqu'un.

3. Apprivoise-moi...

Quand on rencontre quelqu'un la première fois, la rencontre est gratuite : elle est d'abord et avant tout, *une découverte de l'autre*.

« Apprivoise-moi », dit la rose au petit prince.

Elle ne lui dit pas : « Apprivoise-moi pour voir si on ira bien ensemble », ni « pour voir si cela pourra éventuellement déboucher sur des fiançailles ». Non !... Simplement : « Apprivoise-moi. »

C'est-à-dire : « Apprends à me connaître, découvre-moi, comme moi je vais apprendre à te connaître. »

Toute relation amicale, amoureuse, débute par une rencontre gratuite et réciproque.

Beaucoup de célibataires ne vivent pas cette gratuité. D'emblée, ils se mettent comme en observateurs de la relation et s'analysent : « Comment est-ce que je me sens, est-ce que je suis amoureux, ce n'est pas la même chose que la fois précédente, je ne vibre pas, est-ce que j'ai des sentiments assez forts ? »

À force de s'analyser, de s'auto-ausculter, de peser le

poids de leurs sentiments, ils oublient de vivre cette rencontre.

Ils sont tellement centrés sur eux-mêmes dans une inquiétude fébrile, fixés dans leurs interrogations, préoccupés par l'évaluation de leur monde émotionnel, au lieu de s'occuper de l'autre.

Entrer en relation, c'est d'abord s'occuper de l'autre, se tourner vers l'autre, s'intéresser à l'autre.

On ne rencontre pas quelqu'un pour se marier avec lui (elle), mais d'abord pour le connaître.

La gratuité de la rencontre est le gage de la liberté de chacun : « Je ne te mets pas le grappin dessus, tu ne me mets pas le grappin dessus. »

Combien de célibataires abordent la relation avec en arrière-pensée : c'est un mari (une femme) potentiel(le)…

Un deuxième écueil est très fréquent. Très vite, dès le démarrage de la relation, la tentation est de se poser la question du mariage : est-ce que ce sera lui (elle) ?

Là encore on brûle les étapes.

Bien sûr, certains ont hâte de rencontrer quelqu'un pour se marier, et tout ce qui pourrait ressembler, de près ou de loin, à la possibilité d'un éventuel engagement fait battre le cœur. On se précipite alors, avec une cohorte de questions qui ne sont pas appropriées à ce moment-là.

À trop réfléchir et à trop se projeter dans ce questionnement, on oublie l'essentiel, qui est encore une fois la découverte de l'autre.

Le questionnement sur l'engagement devient comme un écran de fumée qui voile la réalité de la relation.

Dans toute rencontre, la première étape est de se découvrir, de passer de bons moments ensemble, de faire des choses ensemble : tout ce qui contribue à une meilleure connaissance de l'autre. Ensuite viendra le temps des questions concernant un éventuel engagement.

Troisième écueil : je rencontre quelqu'un et je « sors » avec lui (elle) (traduction : je l'embrasse sur la bouche). Ou bien on se reçoit dans nos chambres respectives et on partage une certaine intimité.

Là aussi, on brouille les cartes.

Le baiser, qui est celui des amoureux, est une conséquence de l'amour, une déclaration d'un amour reconnu : « Parce que je t'aime, je t'embrasse » et non pas d'abord je t'embrasse, puis on verra ensuite.

Poser les gestes de la relation amoureuse avant même d'avoir commencé à se rencontrer, à se connaître laisse croire à l'autre et à soi-même qu'on est amoureux.

Quatrième écueil : on a un super-groupe d'amis, on fonctionne en tribu, tellement bien qu'aucun ne sort du lot. Devenir amoureux risque de faire éclater le clan. Alors on préfère cultiver une amitié partagée par tous plutôt que de s'engager dans une relation amoureuse unique et personnelle.

Certaines personnes nous disent, à ce stade de la rencontre, leur peur de blesser l'autre. « Si je lui montre de l'intérêt et que “ça n'est pas cela” (traduction : si je ne m'engage pas), alors je vais lui faire de la peine. »

Face à cette affirmation, qui est totalement louable si elle est vécue dans la vérité, nous pouvons nous interroger sur la vérité des gestes posés envers cette personne.

Si on ne veut pas blesser quelqu'un, les gestes et les actes posés doivent être en correspondance avec les sentiments vécus. Pour ce qui est de la relation sexuelle, nous en reparlerons au chapitre sur les blessures de la sexualité.

D'autre part toute relation est un *risque*. Je prends le risque que l'autre effectivement soit déçu, voire blessé, si je ne m'engage pas, alors que lui (elle) était prêt(e) à le faire.

Mais si, justement, on a été prudent dans ses gestes, prudent dans ses paroles, si on n'a pas « joué » avec l'autre (c'est-à-dire fait croire quelque chose qui n'existe pas), alors on aura vécu cette relation dans la vérité et le respect : c'est ce qui est essentiel dans toute relation.

Ensuite, on se trouve face à la liberté de chacun…

Si on ne prend pas ce risque de décevoir, voire de blesser l'autre, alors on aura beaucoup de difficultés à entrer en relation et à y demeurer.

La vraie question à se poser est : pourquoi ai-je si peur de blesser l'autre ? N'est-ce pas parce que j'ai peur de dire non, peur de déplaire, peur de m'opposer, peur de vivre une confrontation pas très agréable, peur des réactions de l'autre, peur d'un conflit, peur de m'affirmer ? Autant de peurs qui nous ramènent à l'estime de soi : suis-je capable de m'affirmer en face de l'autre ?

Enfin dernier écueil : quitter l'idéal de l'homme (ou de la femme) que je m'étais forgé !

Sylvie aime Pierre, ils sont ensemble depuis quatre ans. Mais Pierre est petit et Sylvie trouve qu'il « ne fait pas bien à côté d'elle ». Elle demande souvent en se mettant à côté de lui : « Est-ce que cela ne fait pas ridicule ? »

À travers cet exemple, on peut imaginer combien Sylvie a peu d'estime d'elle-même pour que l'image de son couple compte plus pour elle que la réalité de la relation. Elle a sans arrêt besoin d'être rassurée.

4. À bonne distance

Pour vivre une relation, il faut avoir déjà fait l'expérience de la solitude.

La solitude, certaines personnes en meurent, tellement elle peut leur sembler triste. On pense à la solitude de certaines personnes âgées ou malades.

Et pourtant, c'est dans la solitude que je suis confronté(e) à moi-même. C'est dans ma solitude que je peux me trouver.

« Nous serons conduits à reconnaître que la solitude n'est pas l'isolement ; qu'elle ne désigne pas seulement une situation contingente et négative, un état de retrait ou de mise à l'écart, mais qu'elle est un des traits fondamentaux de notre condition humaine, le propre de l'existence séparée[3]. »

Voilà le mot important : « une existence séparée ». En effet pour vivre une juste relation, il s'agit d'être bien positionné en face de l'autre.

En chacun coexistent un désir de fusion et un désir d'autonomie. En fonction de notre histoire personnelle, on va chercher soit l'un soit l'autre.

Si on a manqué d'amour, de tendresse, d'affection, on va attendre tout de l'autre, on voudrait que l'autre devine tout de nous : « Si tu m'aimais, tu devinerais ce qui me fait plaisir. »

On est alors dans un désir de fusion. On recherche alors souvent à être trop près l'un de l'autre. « Je veux que tu me remplisses », disait une jeune fille à son ami.

3. Xavier LACROIX, *Les mirages de l'amour*, p. 138.

Ou alors, quand on a vécu une relation d'emprise ou bien trop fusionnelle, avec sa mère par exemple, on risque d'être dans la crainte que la relation ne vienne empiéter sur son territoire, qu'elle ne soit envahissante. Certains peuvent même avoir le sentiment d'étouffer.

Du coup, celui qui est dans cette crainte va avoir la tentation de s'éloigner, de rentrer dans sa caverne ou dans sa bulle. Il ne se laissera plus approcher, et si l'autre tente un rapprochement, notre amoureux malheureux aura l'impression de ne pas être respecté.

Sophie aime Marc. Elle est très en demande de marques de tendresse et d'affection. Marc est plutôt un peu « ours » et a un grand besoin de moments de solitude.

Sophie voulait faire une surprise à Marc et organiser pour lui un week-end de détente avec des amis. Mais Marc avait prévu que ce week-end serait pour lui le seul moment qu'il passerait tranquillement chez lui pour aménager son appartement dans lequel il venait de s'installer.

Voici la scène : Sophie sonne à la porte avec quelques amis. Marc, qui aspirait à ce moment de solitude, lui réserve un accueil froid… Et la surprise se transforme en fiasco total !

Chacun se sent incompris, Sophie n'est pas reconnue dans ce qu'elle voulait être une marque d'amour et Marc ne se sent pas respecté dans son besoin de solitude.

Soit on se met trop près, et on attend tout de l'autre ou on est « à sa disposition » : le réservoir affectif de ces personnes est généralement rapidement vide ; soit on est trop loin, on s'écarte, on a peur de ne pas être respecté, on veut protéger son territoire à tout prix, alors on se ferme ; et plus l'autre va se faire demandeur, plus on va se fermer.

TROP PRÈS

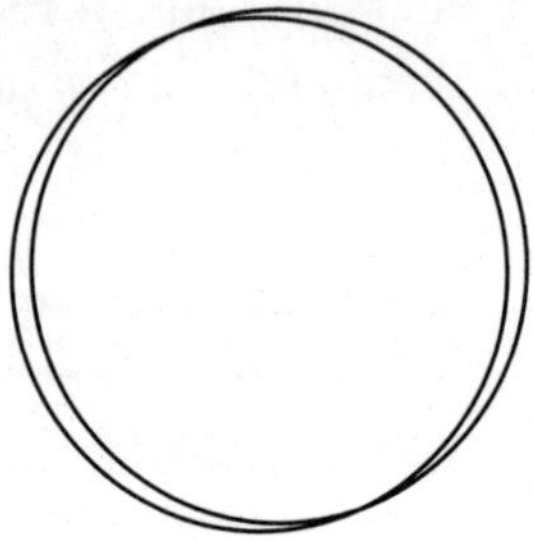

Personnalités mélangées

TROP LOIN

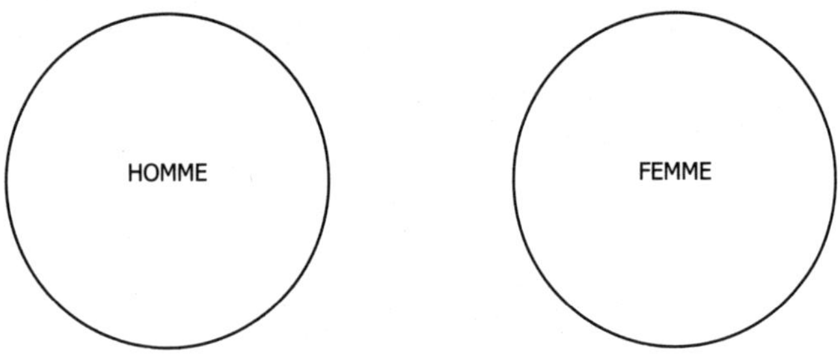

Plusieurs remarques :

Très souvent, dans un couple, on retrouve ces deux manières d'être, chez l'un ou chez l'autre. L'un serait assez fusionnel et l'autre préférerait une relation plus distante ; et souvent plus l'un est dépendant, plus l'autre devient « contre-dépendant ».

D'où de nombreuses incompréhensions :

Sophie accuse Marc de ne pas être assez présent, et Marc accuse Sophie d'être envahissante.

Martin reproche à Pauline de ne vouloir que des moments d'intimité, et Pauline reproche à Martin de ne jamais lui dire ses sentiments et de la rejeter quand elle lui demande s'il l'aime.

Alexandra reproche à Joseph de ne pas parler, Joseph accuse Alexandra de tout décider sans le consulter.

Corinne dit à Jean-Marc : « J'ai l'impression d'être un meuble, d'être transparente, de ne pas exister. » Et Jean-Marc reproche à Corinne de le traiter comme un petit enfant, de ne pas le laisser respirer.

On comprend aussi au travers de ce qui a été évoqué plus haut que ces mauvais positionnements dans la relation viennent de plus loin que simplement d'une mauvaise relation de couple.

Combien de disputes, d'incompréhensions, et même quelquefois de ruptures seraient évitées si on comprenait que la relation de couple vient souvent mettre au jour des blessures d'enfance, des manques, des scénarios répétitifs, des croyances…

On impute à la relation de couple ces difficultés, alors même que chacun a un effort particulier à faire pour regarder ce que la relation est en train de révéler de son passé.

Quand on a manqué d'affection, on demande à l'autre de réparer ce manque.

Quand on a eu le sentiment de ne pas être respecté, d'avoir été un peu envahi, on se méfie de l'autre, alors même que celui-ci n'est pour rien dans le malaise qu'on ressent.

Avoir un bon positionnement dans une relation demande d'accepter de se laisser bousculer par cette relation qui fait effet de révélateur de certaines blessures soigneusement enfouies, et quelquefois insoupçonnées.

Il y a alors un travail de démêlage. Qu'est-ce qui appartient au passé, qu'est-ce qui appartient à la relation ? La pelote peut être quelquefois tellement emmêlée qu'on ne voit pas clair tout seul.

Il faut alors accepter de se faire aider et accepter l'idée qu'aimer peut mettre au jour des réalités quelquefois douloureuses.

On retrouve dans la problématique de la relation toute la question de l'identité de chacun.

Une juste relation s'établit entre deux personnes bien différenciées.

Plus les amoureux sont indifférenciés, plus ils chercheront en l'autre approbation et reconnaissance de qui ils sont.

Pour être capable d'une relation équilibrée avec une véritable intimité, il doit y avoir en face à face deux personnes bien identifiées, conscientes de leurs besoins relationnels et émotifs.

Ces deux personnes bien identifiées assument leurs besoins et ne les font pas peser sur l'autre. Aucun des deux ne cherche à changer l'autre, ni à se changer pour être mieux aimé.

Chacun connaît les besoins de l'autre et va faire en sorte que la relation construite ensemble devienne pour l'un comme pour l'autre source de soutien et donc de bonheur.

Plus les personnes sont bien conscientes de « qui » elles sont, plus il est possible de créer une véritable intimité.

Une relation équilibrée est faite de deux personnes qui créent ensemble un espace commun. Plus cet espace commun existe, plus la personnalité de chacun peut également se développer. C'est comme les vases communicants, plus je suis moi, plus l'autre peut devenir qui il est et plus le couple se construit ; et plus le couple se construit et plus nos personnalités respectives se développent.

BONNE DISTANCE

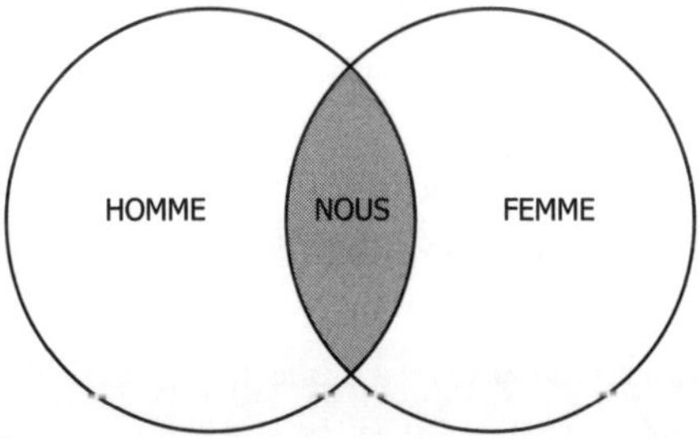

Créer un « nous » devient possible parce que chacun s'y engage résolument avec plaisir et bonheur.

Ce « nous » n'est pas le lieu du combat, où les deux personnes s'affrontent pour mieux marquer leur territoire ou pour mieux imposer leur propre point de vue. Ce combat est souvent celui de la peur : de ne pas être respecté, d'être envahi, de ne pas être aimé (ou de ne pas savoir aimer), de ne pas être compris, de ne pas recevoir assez d'amour, de ne pas être entendu, de ne pas avoir assez de place… Le « nous » de la relation devient alors le lieu d'une lutte pour un pouvoir.

Dans la peur, on n'est plus au service de la relation, du lien à construire, mais au service d'une quête de soi-même à travers l'autre et à travers la relation. Dans une juste relation, équilibrée et harmonieuse, chacun est « au service du lien conjugal », de façon que ce lien épanouisse les deux membres du couple.

Questions :

Dans quel schéma est-ce que je me retrouve ?

1. Y a-t-il avec la personne avec qui je suis une lutte de reconnaissance dans laquelle chacun veut faire valoir son point de vue ?

2. Si nous avons construit ce nous, ce territoire de couple, suis-je capable d'identifier de quoi il est constitué ?

3. Est-ce que je me connais ? Est-ce que je connais l'autre ?

4. Suis-je capable d'écrire une liste de cinq qualités pour moi, pour l'autre ?

5. Si nous vivons des incompréhensions importantes, suis-je capable de ne pas rentrer dans l'accusation, le jugement, les reproches envers l'autre ?

6. Dans quelle mesure est-ce que je me remets en cause en cas d'incompréhensions ? Qu'est-ce que j'ai pu identifier comme réactions suite à des blessures venant de mon passé ?

CHAPITRE III

Qu'est-ce qui empêche une juste relation ?

A. LES BLESSURES FAMILIALES

Notre histoire familiale, nos relations avec nos parents, nos frères et sœurs nous ont marqués profondément. Qu'on le veuille ou non, nous ne sommes jamais indemnes de notre histoire.

Celle-ci nous a façonnés : c'est « le terreau » dans lequel nous avons grandi. Ignorer ce terreau reviendrait à prendre une plante et à lui dire : « Développe-toi maintenant sans tes racines et sans la terre dans laquelle tu as poussé. »

Notre histoire familiale a pu être très belle, riche en moments heureux, en relations respectueuses et aimantes. Nous partons alors dans la vie avec un capital bonheur important, une bonne estime de soi et une bonne capacité à aimer et à découvrir l'autre.

Notre histoire a pu aussi être difficile et comporter des moments douloureux et des relations qui peuvent même avoir été destructrices.

Nier cela serait refuser de voir une réalité, certes douloureuse, mais bien là.

Dans ces blessures familiales, il y en a qui viennent

de l'histoire de notre famille et il y en a qui sont plutôt liées à des relations toxiques ou mal situées.

1. Les blessures liées à notre histoire familiale

Dans notre histoire familiale, il a pu y avoir des événements douloureux (ou que nous avons vécus à l'époque de façon douloureuse) qui, de manière assez inconsciente, nous ont marqués ou bien que nous avons pu reprendre à notre compte. Ces événements envahissent notre vie et viennent comme des fantômes hanter nos relations en induisant certains comportements.

Voici l'histoire de Marie-Josée. Alors que sa maman était enceinte d'elle, la petite fille née juste avant elle est morte d'un accident dans une piscine.

Cette jeune femme a pris conscience que, toute sa vie, elle avait voulu consoler sa maman qui avait vécu cette perte dramatique ; elle s'était faite petite souris pour ne jamais la contrarier et, plus ou moins consciemment, elle s'est interdit de se marier pour rester présente à sa maman.

Marie-Hélène est née peu après sa sœur, mort-née. Ces parents ont choisi de lui donner le nom que devait porter sa sœur. Marie-Hélène a le sentiment de vivre la vie de sa sœur par procuration, et de ne pas être elle-même.

Ou bien encore cette autre femme qui s'est rendu compte que son double prénom était composé de ceux des deux personnes mortes de façon dramatique dans sa famille. Elle portait en elle une tristesse terrible et comme une incapacité à se projeter dans la vie et encore moins à faire des projets de mariage et à avoir des enfants.

Notre histoire transgénérationnelle peut aussi nous marquer, même si ce n'est pas nous qui avons directement vécu les événements.

Et puis, il y a les événements dramatiques de notre propre vie, qui là aussi ont pu marquer profondément notre affectivité.

La maman de Jean est restée profondément handicapée à la suite d'un accident et a dû vivre dans une maison médicalisée. Il avait neuf ans.

Le lien avec sa mère est rompu et il dit : « Ce qui faisait ma sécurité s'est cassé d'un coup. »

Blessure immense qui rejaillira ensuite sur sa vie affective : à quoi bon tisser un lien puisque ce lien sera rompu ! En effet, il avait également vécu le décès de sa grand-mère et d'un oncle dont il était très proche.

Dans nos histoires familiales, il y a ces deuils douloureux – perte d'un parent, d'un frère, d'une sœur – qui sont quelquefois des plaies purulentes non cicatrisées et qui peuvent être un véritable obstacle à la relation affective et amoureuse.

Joëlle a perdu sa maman à l'âge de quinze ans. Elle est maintenant avec un garçon et est incapable de s'engager. En fait elle s'en veut de n'avoir « pu retenir sa maman. Si elle est morte, c'est que le lien avec ses enfants n'était pas assez fort. » À quoi bon construire un lien d'amour avec quelqu'un puisqu'il ne protège pas de la mort ou de la séparation.

Souvent la relation amoureuse vient réveiller les blessures douloureuses de notre histoire familiale. C'est alors le moment, avec l'aide d'un habile « chirurgien », d'aller revisiter courageusement ses blessures et de demander à Dieu la guérison.

2. Les blessures de notre identité

Les blessures de notre identité sexuée

Sandrine souffre de ne pas se sentir féminine. Elle n'ose pas mettre en avant sa féminité. Elle ne sait pas s'y prendre. Ses parents désiraient un garçon et c'est une fille qui a rejoint la famille. Sandrine a ressenti la déception de ses parents et fait de son mieux pour rejoindre leur désir. Elle a mis en avant un tempérament de fonceuse, de battante, de casse-cou, au détriment du reste. Aujourd'hui, elle vit une relation amoureuse qui fait remonter en elle le désir d'être pleinement femme.

Beaucoup de difficultés pour vivre notre identité sexuée viennent de la déception vécue par les parents au moment de la naissance de leur enfant : ils attendaient un garçon, mais c'est une fille qui arrive ou vice versa !

L'enfant n'est pas accueilli pour lui-même, de manière inconditionnelle, et il va chercher de manière inconsciente à être celui que ses parents auraient voulu avoir. C'est ainsi qu'on voit des filles se transformer en véritables garçons manqués, ou bien des garçons adopter des attitudes plus féminines.

Les autres blessures de l'identité

Dans la famille, il y a aussi les places tenues par chacun.

On pourrait comparer une famille à une maison à plusieurs étages, chaque génération habitant à un étage : au rez-de-chaussée les enfants, au premier étage les parents et au deuxième étage les grands-parents.

Si des escaliers permettent une bonne communication entre les étages, il est capital que chacun habite au bon endroit et de ne pas mélanger les générations.

Cette notion de place est capitale pour la construction de l'identité. Si les générations sont mélangées, cela crée de la confusion : l'enfant peut-être « parentifié » et son enfance lui est alors comme volée. Le parent peut être infantilisé et l'enfant ne sait plus qui il est, où est sa place.

Ainsi, dans un couple très conflictuel, Astrid est devenue la confidente de son papa, il lui raconte toutes les difficultés qu'il rencontre avec son épouse, la maman d'Astrid.

De même cette maman, qui raconte à son fils de treize ans combien son père avait été odieux pendant leur nuit de noces et combien toute sa vie sexuelle avait été synonyme de souffrance.

Ou Olivier qui perd son papa très jeune et qui va le remplacer auprès de sa maman : il devient le chef de famille, prend en main l'éducation des autres enfants, s'occupe de gérer les affaires familiales.

Ou bien ces grands-parents si affectueux qui ont créé avec leur petite fille un lien « parental » si fort, évinçant ainsi les parents de leur place.

Personne, dans les exemples ci-dessus, n'est à sa place : la vie de couple dans son intimité ne regarde pas les enfants.

Quand on a vécu des désordres, des confusions, quelle difficulté pour construire un couple plus tard ! Astrid avoue : « Je ne sais pas ce qu'est un couple, pour moi la relation conjugale n'a pas de réalité. »

Une autre blessure de l'identité peut venir de l'emprise ou de la fusion qui a pu être vécue avec un des membres de la famille.

Je n'existe que comme le prolongement de quelqu'un, dans la projection de ses désirs, et jamais je n'ai pu être réellement moi-même.

Il y a une loi de vie : « Sois toi-même, ne te mélange à personne[1]. »

Cette loi de vie nous rappelle qu'il est interdit de se mélanger à l'identité d'une personne, ou de chercher à la posséder. Cette loi de vie encourage chacun à développer son identité propre et à la préserver de l'emprise, de la manipulation, des relations trop fusionnelles…

Dans la problématique qui est la nôtre, celle des amours qui n'avancent pas, on voit beaucoup de jeunes qui ne sont pas libres et qui vivent des relations avec leurs parents encore trop fusionnelles ou dépendantes.

Par exemple des parents qui ont toujours pris les décisions pour leurs enfants.

Laurence est amoureuse d'un garçon qui ne plaît pas à ses parents. C'est la première fois qu'elle est confrontée à un choix qui va l'opposer à ses parents.

Elle va vivre pendant plusieurs mois une véritable angoisse, complètement tiraillée entre son désir à elle, et le fait d'être toujours « la petite fille » conforme à l'idéal de ses parents.

Ou bien j'ai pu vivre sous l'emprise de ma mère ou de mon père qui savait « à ma place » ce qui était bien pour moi, qui interdisait mes comportements soit par du chantage affectif, soit par des reproches incessants, des menaces.

Ainsi Hortense qui a vécu avec sa mère une emprise telle qu'elle se disait incapable de penser par elle-même, d'agir pour elle-même. Elle raconte : « Je voyais le regard de maman sur moi dès que je voulais entreprendre quelque chose, dès que je disais quelque chose. Ce regard me pénétrait, me glaçait, me privait de toute liberté. J'avais toujours peur, peur de mal faire, peur de lui déplaire, peur de ne pas correspondre à son attente. »

1. Simone Pacot, *Reviens à la vie !*

Après une longue thérapie, elle conserve une appréhension de la relation à deux : « J'ai peur du regard de l'autre, peur qu'on me prive de ma liberté, peur d'être jugé, j'ai peur de me laisser envahir, la relation à deux m'oppresse, j'ai peur de ne pas être à la hauteur. »

Les blessures liées aux relations familiales

Il s'agit des relations familiales faites de :

– Paroles dures et dévalorisantes, de reproches incessants, de moqueries, de menaces : « Tu es nul(le)… », « Tu n'arriveras jamais à rien… », « Tu n'es bon à rien, j'ai honte de toi, je te méprise… », « Si cela continue, à seize ans, on te fout à la porte… »

Joseph a été marqué par la violence de son père. Ce dernier régnait en maître sur toute la famille, sur sa femme comme sur ses enfants. Son point de vue devait être partagé par tous, sous peine de réprimandes sévères allant de l'injure verbale aux coups. Même s'il a souffert en tant qu'enfant et adolescent de cette attitude, Joseph se rend compte qu'il a souvent tendance à imposer ses idées, qu'il est intransigeant et autoritaire. Dans ses relations amoureuses, il ne laisse pas sa place à l'autre : il a retenu de son rapport à son père que « pour exister en tant qu'homme il faut s'imposer ».

– D'absence de soutien et d'encouragement. Telle cette jeune fille à qui sa maman disait : « Tu es trop compliquée, trop différente, débrouille-toi toute seule, je ne peux pas te comprendre. »

– D'absence d'écoute. Encore cette jeune fille qui se souvient des moments de panique qu'elle vivait chaque fois qu'elle allait à l'école. Mais personne ne l'écoutait, sa parole ne comptait pas, il fallait dominer sa peur qui n'avait jamais été entendue.

– De coups, de gifles, de punitions, de coups de

martinet ou de ceinture… Telles ces personnes qui se souviennent encore avec effroi avoir été enfermées petites dans un placard ou descendues à la cave dans le noir.

Autant de mauvais traitements qui laissent des traces profondes :

« Suis-je aimable ? Est-ce que je fais bien ? »

« J'ai tant besoin qu'on m'aime, je ne vaux rien. »

« Si on m'a fait tant de reproches, c'est que je les méritais. »

Si l'un ou l'autre de mes parents a eu avec moi une relation difficile, je vais encore avoir de la colère envers lui ou bien je peux chercher l'approbation qui m'a manqué :

> Cet homme de quarante ans disait avec beaucoup d'émotion : « J'ai travaillé comme un fou, pour que mon père me regarde, me félicite. Maintenant je gagne ma vie mieux que lui, je suis chef d'entreprise, mais il ne m'a jamais dit qu'il était fier de moi. »

Ce qui revient comme une constante par rapport à ces blessures familiales, c'est la difficulté tout d'abord à reconnaître que nos parents nous ont blessés. En effet la plupart disent : « J'ai honte de moi, je n'ai pas le droit de dire du mal de mes parents, ils m'aiment, ils ont fait ce qu'ils pouvaient, eux-mêmes sont blessés. » Bien sûr, tout cela est vrai, cependant il est capital si on veut sortir des comportements mortifères qui sont la conséquence de tous ces « mauvais traitements », de les nommer et d'accepter que nos parents aient pu nous blesser.

En nommant les actes blessants, les paroles injurieuses, on fait bien la différence entre condamner des actes et juger des personnes. Il n'est jamais question d'entrer dans un jugement de valeur sur nos parents, mais par contre il y a un travail de vérité à faire, qui est de reconnaître les actes blessants et de les nommer.

Nos parents restent nos parents, ils ont certainement fait ce qu'ils pouvaient, ils ont été, comme dit Donald Winicott[2], des parents « suffisamment bons », mais il n'existe pas de parents parfaits ; et il y a chez moi des manques qui sont la conséquence d'absence de soutien, d'écoute, de compréhension, de tendresse, etc.

Il y a des difficultés aujourd'hui qui sont les conséquences de ces blessures familiales : difficultés à nouer une relation, impossibilité de croire au bonheur pour soi, impossibilité de dire à quelqu'un : « Je t'aime », le fait d'entretenir des relations vouées à l'échec, le refus de se laisser aimer, le refus de toute marque d'affection, le fait de saboter plus ou moins consciemment une relation, d'entretenir des relations basées sur l'agressivité, de se mettre dans la peau d'un grand saint-bernard qui veut sauver tout le monde…

Si nous voulons sortir de ces difficultés, il va falloir chercher pourquoi nous avons adopté tel ou tel comportement, qui est « une fausse route » ou une impasse, car il ne débouche sur rien et ne me fait pas grandir dans la liberté et la responsabilité.

Ce travail est douloureux, mais nécessaire pour nous permettre de devenir adultes. Car devenir adulte, c'est quitter ses parents, accepter de regarder ses blessures, accepter de quitter ce monde de l'enfance qui nous a fait idéaliser nos parents, pour rentrer avec eux dans une relation plus vraie, plus juste, plus égale : d'adulte à adulte !

Une autre difficulté très fréquente est de dire :

2. Donald Winnicott est un psychanalyste britannique (1896-1971).

« Mais ce que j'ai vécu n'est peut-être pas la vérité. » Dans ce domaine, chacun a une vérité subjective. Ce que j'ai vécu avec la manière dont je l'ai vécu est ma réalité… Ce n'est ni celle de ma sœur, de mon frère ni celle de mes parents, mais c'est la mienne, et cette vérité a besoin d'être entendue et reconnue. J'ai peut-être déformé la réalité, interprété des événements, mais c'est ce que j'ai vécu dans des situations dont je ne pouvais pas tout comprendre.

Dans les blessures liées à mon histoire familiale, il y a aussi toutes les difficultés liées au divorce des parents et à leur relation conjugale défectueuse.

Nier ces difficultés serait également un mensonge ; même s'il n'est jamais question de juger les personnes qui ont vécu un divorce, reconnaître que celui-ci a des conséquences sur les enfants est une affaire de justice.

Face au divorce de ses parents, un enfant est perdu : tout ce qui faisait sa sécurité s'écroule, il se sent écartelé, dans l'obligation de choisir entre papa et maman alors même qu'il en est incapable et qu'il ne le veut surtout pas.

Si le divorce de ses parents se passe mal, dans la violence physique ou verbale, l'enfant va vivre la peur… peur de sentir l'un ou l'autre de ses parents en danger, peur des cris qu'il entend, peur de se sentir pris en otage entre l'un et l'autre.

Ceux-là même qui devraient lui donner sécurité et confiance sont en train de se déchirer. Comment va-t-il faire pour vivre en confiance ? Certains enfants se sentent responsables du désastre dans lequel ils vivent : « Si mes parents se disputent, c'est à cause de moi… je leur ai causé trop de soucis. »

Brutalement, ils perdent leur innocence d'enfants et commencent à se sentir responsables d'un de leurs parents. Ils peuvent, par exemple, chercher à consoler une mère dépressive, à jouer la maîtresse de maison avec un père seul. On peut voir des enfants devenir raisonnables comme un adulte et prendre en charge par exemple leurs petits frères et sœurs. Mais leur enfance leur a été volée, ils ont été obligés d'adopter un comportement d'adulte, alors même qu'ils n'étaient encore que des enfants. Ou bien leur croissance psychologique s'arrête : ils en restent au stade de l'âge qu'ils avaient au moment du traumatisme.

Souvent, les enfants ayant vécu ces divorces ont beaucoup de mal à faire confiance. Ils se sont sentis trahis, lâchés, abandonnés… Quelquefois ils se sont sentis « de trop ». Ils n'ont pas compris. Ils échafaudent des raisons, des scénarios… Ils ont du mal à croire à l'amour « durable ».

Telle cette jeune fille qui disait : « Pour moi l'amour aura toujours une porte de sortie. »

Là encore, pourquoi s'engager, alors que même mes parents n'ont pas su préserver ce lien ?

Et moi, comment saurais-je faire mieux que mes parents ?

Certains pensent qu'ils sont comme prédestinés à refaire comme leurs parents ou n'osent pas tenter de faire mieux.

Quelquefois la souffrance a été si forte qu'ils disent qu'il n'est pas question pour eux de faire rentrer quiconque dans leur vie. De prendre le risque.

Sans compter qu'ils ont une image du couple déplorable, qui ne leur donne pas du tout envie de s'engager : si c'est çà le mariage !

Autant de souffrances, de blessures qu'il va falloir aussi avoir le courage d'aller regarder.

C'est un véritable acte de courage de décider de ne

pas rester enfermé par son passé. Car il est possible de guérir de ses blessures, il est possible de rentrer dans un chemin de pardon vis-à-vis de ses parents, il est possible de ne pas reproduire leurs erreurs. Il y a une reconstruction possible et Dieu guérit profondément. Nous avons de nombreux témoignages à ce sujet.

Questions à se poser :

1. Est-ce que je connais l'histoire de ma famille ?
2. Y a-t-il dans ma famille des secrets, des tabous dont on ne parle jamais ?
3. Quels sont les rapports que j'entretiens avec mes parents ?
4. À quelle occasion est-ce que je fais appel à eux ?
5. Quelle est l'attitude de mon père, de ma mère à mon égard ?
6. Que dois-je encore quitter pour pouvoir m'attacher à celui (celle) que j'aime ?
7. Par les attitudes et les actes que mes parents ont posés, quels messages m'ont-ils transmis ?
8. Dans quelle mesure, ces messages, transmis par mes parents et par leur relation de couple, déterminent mes manques et mes attentes ?
9. Qu'est-ce que j'attends d'un futur conjoint ? Quels manques doit-il venir combler, quelles attentes doit-il venir satisfaire ?

B. LES BLESSURES RELATIONNELLES

1. Dans l'amitié

Quand nous étions enfants, nous avons pu vivre des relations avec des enfants du même âge très blessantes.

Marc, petit, était un peu « enrobé » ; en plus dans sa famille il n'y avait pas beaucoup d'argent, sa maman l'habillait avec des pantalons trop grands pour lui et très démodés. Il a été la risée de tous et se souvient de récréations, seul, assis sur le banc de la cour de l'école. « Quand on travaillait en groupe ou pour le sport, je n'étais jamais choisi, j'étais toujours le dernier dont personne ne voulait. » Il se souvient encore de ces moments comme autant de gifles : je ne suis pas aimable, les autres valent mieux que moi, on va se moquer de moi.

Il y a aussi des amitiés très fortes qui se sont terminées de manière très brutale, vécue comme une trahison : on avait donné sa confiance et l'autre l'a rejetée.

Catherine a dix-sept ans. C'est une jeune fille très renfermée et secrète. Elle se sent incomprise dans sa famille. À l'école elle n'a qu'une seule amie à qui elle se confie. Celle-ci l'invite à passer un week-end chez elle avec une autre amie. C'est la première fois qu'on l'invite… Mais pendant la nuit elle est réveillée et, à côté d'elle, son amie est en train d'avoir une relation homosexuelle avec l'autre amie invitée.
À l'issue de ce week-end, son amie lui a avoué qu'elle ne l'avait invitée que pour éviter les doutes de ses parents sur ses relations homosexuelles. Elle s'est sentie trahie, salie et utilisée.

Ces ruptures d'amitié profonde peuvent avoir des conséquences similaires à celles des ruptures amoureuses dont nous allons parler. Elles sont vécues comme une trahison et cela peut alors gravement altérer notre confiance. Il est alors difficile de prendre le risque de se dévoiler à l'autre, autrement dit d'accepter de se montrer vulnérable à nouveau. La tentation sera alors de se blinder, et pour ne plus souffrir nous refuserons de nous laisser aimer tels que nous sommes. Le risque est trop grand et de ce fait nous ne laissons pas à l'autre la chance d'entrer, avec nous, dans un véritable amour.

2. Le butinage affectif

L'instabilité des relations amoureuses au cours de l'adolescence et au commencement de l'âge adulte peut également provoquer des blessures relationnelles. On passe d'une relation à l'autre sans s'attacher, simplement pour « grappiller » quelques bons moments par-ci, par-là. Cela ne semble pas porter à conséquence et puis, comme on l'entend souvent : « On est jeune, autant en profiter ! Il sera toujours temps de se poser quand le moment sera venu de penser au mariage. »

Mais les choses ne sont pas si simples ! Et ce que l'on n'a pas su faire pendant des années, c'est-à-dire s'investir dans une relation, apprendre à donner plutôt qu'à recevoir, être fidèle, accepter de faire des efforts pour préserver et faire grandir l'amour, ne s'apprend pas en un jour ! L'engagement dans une relation durable risque d'impliquer des renoncements difficiles et douloureux à accepter.

3. Les échecs amoureux

« Je me suis fait larguer, il (elle) m'a quitté(e), il (elle) est parti(e), jamais je ne pourrai l'oublier. »

Difficiles relations amoureuses qui se terminent par une rupture : soit l'un des deux quitte l'autre en lui disant qu'il s'est trompé, soit on s'aperçoit que la relation ne pourra jamais déboucher sur un mariage, soit encore la relation est mauvaise, faite de reproches, de manipulations, de disputes…

Celui qui est encore amoureux, qui avait mis beaucoup d'espoir dans cette relation se retrouve du jour au lendemain seul avec un immense chagrin à soigner. Il voudrait comprendre mais ne comprend pas, il est sidéré par la décision de l'autre, il espère encore que l'autre va revenir tout en se disant qu'il faut qu'il tourne la page. Certains se culpabilisent de ce qu'ils auraient dû faire pour éviter ce fiasco : « Si j'avais été plus doux, plus patient…, ce ne serait pas arrivé. »

Quand cette relation a duré plusieurs mois, voire plusieurs années, les liens tissés ont profondément marqué psychologiquement, physiquement et spirituellement chacun et cela semble impossible de recommencer à vivre.

Il y a là un véritable travail de deuil à faire, travail long, difficile, qui demande du courage, mais indispensable pour pouvoir envisager une autre relation.

Ce travail commence par l'acceptation de la rupture, passe par des moments de colère, d'agressivité envers la personne qui nous a quittés, par la culpabilité de ce que nous aurions pu faire, pour se terminer par une lente compréhension de l'autre, puis enfin petit à petit on peut commencer à envisager de pouvoir pardonner à celui qui nous a blessés.

La tentation est grande dans ces moments-là de renouer une relation avec quelqu'un d'autre tellement la solitude est difficile et la remise en question pénible. Mais ceci est illusoire : c'est comme mettre un pansement sur une plaie qui n'a pas été soignée en profondeur.

Non seulement cette relation est vouée à l'échec, mais encore le travail de deuil ne peut pas se faire. Beaucoup restent blessés par cet échec amoureux et il reste de cette relation amoureuse une profonde blessure qui a du mal à se cicatriser.

C'est d'autant plus difficile quand la relation s'est terminée de manière finalement pas très claire. On s'est quittés mais sans se dire que c'est définitif, on continue à s'envoyer des petits textos, on se revoit à des occasions diverses… Chaque fois la plaie se rouvre, les sentiments qu'on pensait éteints retrouvent de la vigueur, on se reprend à espérer.

Une règle d'or face à ces ruptures amoureuses : apprendre à vraiment terminer la relation, en ne se revoyant pas du tout, en ne communiquant plus du tout. Il faut fermer la porte de cette relation à double tour : c'est la condition de la guérison et la condition pour pouvoir envisager de vivre une autre relation de manière saine.

Mais il reste que vous avez pu être trahi, vous être donné et que ce don a été galvaudé. L'idée qu'une telle situation pourrait se reproduire provoque deux réactions possibles : soit la demande d'affection est insatiable et vous n'avez de cesse de demander à l'autre de vous rassurer, soit vous restez à distance en refusant de vous investir dans une relation de peur de souffrir d'une trahison éventuelle.

4. Le concubinage

Celui-ci est très à la mode aujourd'hui puisque pratiquement tous les couples vivent ensemble avant de se marier. On se marie quand on veut avoir un enfant.

Mais le concubinage n'est pas un engagement, la porte reste toujours entrouverte pour partir : on essaye…

On se teste pour voir si la relation sexuelle est satisfaisante, si on se comprend bien, si on n'est pas trop différent... On se rassure sur notre aptitude à vivre à deux. Il est vrai que quand on vit ensemble, on découvre la capacité de chacun à agir son amour plutôt qu'à le dire.

En vivant ensemble, on expérimente l'importance du quotidien, et en particulier des actes parfois simples qui tissent la vie du couple.

Cela évite l'illusion et l'idéalisation dans laquelle il est si facile de tomber quand on est amoureux.

Mais le concubinage peut être une fuite. Est-ce qu'on a pris le temps de se construire avant de vivre à deux ?

D'autre part l'idée de se tester, d'essayer est contraire à l'amour : cela veut dire que je vais faire passer à la personne aimée une sorte d'examen ; si elle a satisfait aux exigences de ce test, on pourra se marier. Avant de donner ma parole, j'essaie de voir ce que cela donne.

N'est-ce pas faire preuve d'égoïsme que de se demander si l'autre peut *me* rendre heureux ?

On est bien loin de l'amour qui se donne.

D'autre part, quand on vit ensemble, les liens qu'on a tissés sont très forts. La rupture semble impossible. On voit alors des couples s'engager dans le mariage alors même que leur relation n'allait pas bien. Mais comme ils étaient très engagés l'un envers l'autre, cela leur semblait impossible d'envisager une rupture. Ils se marient, pensant que le mariage arrangera leur relation... et quelque temps après ces couples divorcent.

Enfin certains vivent le concubinage comme une blessure :

Sophie vit avec Étienne depuis quatre ans. Étienne ne veut pas envisager le mariage, ni le fait d'avoir des enfants. Sophie en est très malheureuse et le comprend d'autant moins qu'ils sont heureux ensemble.

« Il est incapable de me choisir, cela me blesse, on ne fait aucun projet, notre vie est une somme de plaisirs au jour le jour. Je suis terriblement insécurisée, j'ai tout le temps peur qu'il me quitte, qu'il me dise que ce que je fais ne va pas, c'est comme si je passais en permanence un examen. »

C. LES BLESSURES LIÉES À LA SEXUALITÉ

Dans les blessures personnelles, il y a ces blessures difficiles, douloureuses, liées à notre corps et à notre sexualité. Certaines jeunes filles nous disent ne pas aimer leur corps, en avoir honte.

Karine avait peur de dénuder ses épaules, car elle avait une légère maladie de peau qui provoquait des excroissances, et se jugeait « non aimable » par un homme à cause de cela. Elle se réduisait à ce léger handicap.

Florence a tellement entendu de la part de ses frères aînés qu'elle était grosse que, malgré une bonne hygiène physique et une nourriture équilibrée, elle « se voit toujours grosse », elle se regarde dans le regard que ses frères posaient sur elle. « Aucun homme ne pourra me trouver jolie. »

Certains hommes, eux, sont angoissés par les années qui passent : il y a comme un refus de vieillir, et d'accepter leur condition mortelle : ils sont soit dans le déni, soit dans le « jeunisme », soit dans le sport à outrance, mais ils en oublient de rencontrer l'autre sexe, tellement persuadés de ne pas convenir. Certains se jugent « trop petits » pour se marier, trop maigres. D'autres doutent de leur capacité à aimer, à toucher le corps d'une femme, à savoir s'y prendre. Beaucoup d'hommes et de femmes n'ont reçu aucune éducation sexuelle : ils ne connaissent pas comment ils sont faits, comment leur corps fonctionne. C'est une blessure par omission. Ils avaient « droit » à recevoir de leurs parents,

« premiers éducateurs » en ce domaine, des paroles claires, apaisantes, structurantes. Beaucoup nous disent avoir éprouvé du malaise à parler de ces choses-là avec leurs parents. Ou alors c'est la mère qui dépose maladroitement un livre sur le coin de la table de nuit de son fils, le laissant seul avec ce livre et son imaginaire et ses questions… Les filles sont laissées à elles-mêmes, avec quelques serviettes hygiéniques dans leur placard pour découvrir l'arrivée de leurs premières règles. Elles le vivent parfois dans la surprise, dans le dégoût, dans l'ignorance de la transformation de leur corps qui devient fertile, un vrai corps de femme. Sans parole pour accompagner cette transformation, elles peuvent refuser de grandir, refuser cette pulsion de vie qui les poussera à donner la vie, refuser leur corps de femme tout simplement… Il y a des familles où l'on sait accepter de voir les enfants devenir adultes : il y a comme tout un rituel, soit de petits cadeaux, des fêtes simples mais éloquentes, pour signifier ce passage dans la puberté. Surtout que l'enveloppe corporelle bien souvent « craque » à cette période : boutons, mue, rondeurs… et l'ado ne se trouve pas très plaisant s'il n'est pas encouragé par le regard émerveillé de ses parents, surtout de celui du sexe opposé. Quelle joie lorsqu'une jeune fille s'entend dire par son père : « Comme tu es jolie ! Te voilà une vraie femme ! »

Et puis, il y a toutes les blessures qui peuvent avoir été vécues seul(e), dans la solitude et l'angoisse : par exemple un traumatisme lié à une image qui nous a choqués, à la vision d'une scène d'amour à la télévision ou « en vrai » que nous n'étions pas prêts à voir, à des bruits de relations sexuelles d'adultes qui nous ont effrayés, à des revues porno sur lesquelles nous sommes tombés par hasard…

Un jeune homme, très angoissé à l'idée de la sexualité, confiait qu'il était tombé à huit ans sur une revue porno dans le bureau de son père. Ce père était un homme froid, distant, réservé et assez autoritaire. Ce fils s'est mis à le mépriser intérieurement, à mépriser sa masculinité, et à rejeter ses principes qui étaient assez rigides. Son esprit, son imaginaire, sa vision de la « scène primitive », sa capacité à assumer sa virilité et à s'identifier à son père en ont été profondément affectés. Depuis ce jour-là, il a commencé à se masturber et, des années plus tard, n'arrivait plus à sortir de ce comportement devenu compulsif. Ce jeune homme a fait un très beau chemin de libération intérieure et corporelle, et aujourd'hui a rencontré la femme de sa vie avec qui il va bientôt se marier.

Et puis, il y a tous les gestes, les regards, les paroles déplacés posés par des adultes, de la famille ou non, sur nous, enfant ou adolescent : attouchements sexuels, viol, inceste, ambiances malsaines, regards de séduction « qui déshabillent », qui désirent.

Lyndia, dont la mère a été hospitalisée lorsqu'elle avait douze ans, s'est retrouvée, aînée de ses frères et sœurs, « à la place de sa mère » pendant de longs mois : elle ne supportait pas le regard de son père sur elle lors des repas, qu'elle trouvait interminables. Elle ne comprend toujours pas cette terreur qu'elle ressent dès qu'elle se retrouve seule avec un homme, terreur qui lui fait perdre tous ses moyens. En relisant cette partie de son enfance, lui est revenu le souvenir d'un soir où elle regardait la télévision, située dans la chambre de ses parents, soir où son père, en montant dans sa chambre, a caressé ses seins dans une caresse affectueuse, mais tellement ambiguë, qu'elle a éprouvé un immense malaise, du dégoût et une envie de hurler qu'elle n'a alors pu que réprimer. Cette colère et cette terreur sont restées profondément enfouies dans son inconscient depuis ce moment-là, y faisant des ravages.

Donc, nous avons pu vivre l'effroi, la terreur, le dégoût… Ces attitudes traumatisantes pour un enfant sont plus fréquentes qu'on ne peut l'imaginer. Ce sont toujours des actes graves, qui ont des répercussions sur toute la personne, corps, âme, esprit. Celle-ci se sent atteinte dans tout son être, son identité et sa sexualité. Les mécanismes psychiques déclenchés par ces blessures profondes sont souvent déniés, enfouis. L'enfant ne comprend pas, n'a pas la maturité pour intégrer ce qui lui arrive. En plus, la culpabilité est immense, liée souvent au plaisir ressenti et en fait un tabou. « Mieux vaut oublier, ne rien dire, faire comme si cela n'avait pas existé… D'ailleurs, j'ai peut-être rêvé ! » La difficulté est de reconnaître ces blessures, reconnaître qu'on a été victime, qu'on a été troublé, qu'on n'est pas coupable, alors qu'il y a d'emblée toujours un relent de culpabilité dès qu'on aborde la sphère de la sexualité, culpabilité liée au péché originel. La sexualité, qui est belle et bonne, voulue par Dieu, pour la communion entre époux, pour dire cette relation unique à l'image de l'amour de Dieu entre un homme et une femme, est entourée d'un malaise, d'une fausse pudeur déplacée, d'une honte qui confine au tabou. Alors qu'il faut pouvoir en parler, être éclairé, rassuré, éduqué, pour effacer les traces de malaise, de mal-être, d'incompréhension, tout en sachant que rien n'est irréversible et qu'on peut absolument mener une vie normale et heureuse, tout en ayant vécu des blessures graves.

La *pornographie*, qui est de plus en plus présente sur nos écrans, facile d'accès, est terriblement banalisée. Il suffit d'un clic, et elle est là, sous nos yeux, agressive, blessante, encombrante. Elle déforme la beauté de l'acte sexuel, acte propre aux époux qui se donnent l'un à l'autre dans l'offrande de leur corps. Elle pousse au fantasme, à rechercher toujours plus loin le plaisir, jusqu'à en faire l'unique objet de la relation sexuelle, quitte à se procurer du plaisir hors d'une relation ou dans des relations malsaines.

Luc, trente-cinq ans, qui depuis des années va sur des sites porno, nous dit : « Pour moi, ce n'est rien, tous les garçons font cela, c'est tellement courant. » Mais aujourd'hui, il n'ose plus approcher celle qu'il aime d'un véritable amour, par peur de la salir. Il craint de ne pouvoir se contrôler et est envahi par des images malsaines qui le gênent lors de leurs relations.

La pornographie donne une image déformée de l'amour : l'autre n'est plus qu'un corps, au service de mon plaisir; j'en fais un objet que j'utilise pour ma jouissance personnelle. Le « brouillage de l'esprit » est un véritable obstacle pour entrer dans une vraie relation d'amour : avec la pornographie, on est dans le virtuel, dans l'imaginaire. Le corps est un corps rêvé et le plus souvent on vit soi-même dans les fantasmes et souvent dans la masturbation.

Quand on rencontre une personne avec laquelle une relation pourrait se nouer, on s'aperçoit du coup qu'on a beaucoup de mal à passer du rêve à la réalité. L'esprit est pollué d'images malsaines, animales, violentes, et comme on ne veut pas vivre cela avec la personne qu'on aime et qu'on respecte, on en vient à avoir peur de la sexualité, on se méfie de tout ce que l'imaginaire a emmagasiné, et du coup les relations deviennent difficiles et quelquefois impossibles. On casse, on zappe, on remet à plus tard.

Il y a une véritable « réadaptation » à vivre pour accepter de vivre dans le réel, et non plus dans le virtuel ou le rêve. Souvent, il faut rechercher ce qui a été à l'origine de cet enfermement.

Car la pornographie, au même titre que l'alcool, la drogue, engendre une vraie dépendance, et cela peut être difficile d'arrêter. La personne dépendante se sent tellement souillée que souvent, elle se dit : « À quoi bon ? Je n'y arriverai jamais. » Il y a une désespérance, un manque de foi et de volonté de s'en sortir qui peut s'installer insidieusement.

Alors que des moyens concrets sont à mettre en œuvre. D'abord spirituels : demander dans la prière au Dieu vivant le désir de la pureté du cœur, le désir d'arriver à couper avec ces mauvaises habitudes qui sont comme un enchaînement de ma liberté. Puis supprimer de mon ordinateur tous les liens, les cookies me ramenant à des sites porno. Installer une protection (il en existe de très efficaces). Refuser de me connecter lorsque je suis seul(e), fragilisé(e) par l'angoisse de cette solitude. Changer de chemin le soir, si je passe devant une vidéothèque que je connais pour avoir loué des films porno. Éviter certaines connaissances qui me poussent au vice ou qui banalisent ce dont j'ai envie de me débarrasser. Tout un arsenal de petits actes de liberté, mais coûteux pour celui qui est enchaîné par des pratiques dégradantes dont il souhaite être libéré.

La *masturbation* est aussi une entrave pour vivre une vraie relation et une sexualité épanouie.

Christophe s'est vu obligé de consulter : il ne pouvait passer une journée au travail sans se retirer dans un endroit solitaire où il se donnait du plaisir en se masturbant. Sa vie professionnelle était organisée autour de ces moments de solitude, vécus dans la honte. Il a rencontré une jeune fille, dont il est tombé amoureux, et leurs premières relations sexuelles ont été désastreuses, car il ne pouvait contrôler une éjaculation trop précoce, qui empêchait tous préliminaires dans la relation sexuelle. Les débuts de leur mariage ont été difficiles, alors qu'il y avait un véritable amour entre eux.

La recherche du « plaisir pour soi » et « tout seul » enferme sur soi : c'est une vraie prison, dont on perd la clé pour en sortir. Combien d'hommes mariés demandent à leurs femmes de les masturber, alors que celles-ci n'aiment pas cette pratique et se sentent dégradées par leur mari, voire utilisées comme un objet de jouissance sexuelle… Mais on peut en sortir, même si cette masturbation est devenue compulsive. Là aussi, il y a un véritable acte de liberté à poser, accompagné d'une réflexion sur soi et d'une ouverture profonde à la grâce de Dieu. Notre liberté est « libérée » par le Christ, et grâce à Lui, tout est possible : n'en doutons pas ! Il est notre Sauveur, même dans notre intimité la plus profonde et la plus cachée.

Il y a aussi toutes les *relations sexuelles trop jeunes ou trop rapides* que nous avons pu avoir et qui ne sont pas de l'amour. Quel respect de notre propre corps avons-nous ? Du corps de l'autre ? Que recherchons-nous à travers ces liaisons d'un moment, déconnectées de tout engagement dans une vie affective stable et durable ? Trop de jeunes veulent savoir, connaître, expérimenter, faire comme tout le monde… Et ils se retrouvent brisés : les filles, car elles ont eu mal et ont le sentiment d'un gâchis, d'avoir été trompées, utilisées. Les garçons, car ils ne sont pas le héros qu'ils avaient imaginé. Sentiments d'avoir été manipulés, trahis, d'être nuls… « On ne m'y reprendra pas de sitôt ! » Alors, on devient méfiant dans la relation ou au contraire on se jette à corps perdu dans des expériences multiples, à répétition, sans aucun discernement, mais toutes aussi blessantes les unes que les autres. « Suis-je aimable ? Saurai-je me faire aimer ? J'ai tout donné pour le retenir… Je me suis laissé faire : je m'en veux… »

Notre corps est notre meilleur ami, sur lequel nous devrions veiller avec soin. « Mon corps, c'est moi. » Ce n'est pas simple d'aimer son propre corps, de façon juste et paisible. On le juge, on le soumet à des régimes, à du sport intense ou à un stress qui le fatigue… Saint Paul nous dit qu'il est le « temple de l'Esprit Saint ». Nous pouvons préserver ce temple pour mieux nous donner quand ce sera le jour. Qu'est-ce qu'un don à celui (celle) qu'on aime si ce don n'est pas total, si on s'en réserve une partie ou si on l'a déjà donné ? Que de blessures mutuelles lorsque des futurs conjoints réalisent que l'être aimé a déjà été aimé dans son corps par quelqu'un d'autre…

Dans le cadre d'une relation plus établie, on s'aperçoit aussi que les relations sexuelles trop rapides, trop précoces dans le temps, ne permettent pas à un vrai amour de se développer et ne favorisent pas le discernement. Les gestes court-circuitent la parole. Au lieu de privilégier la connaissance mutuelle, on privilégie le sensible, le plaisir. Le risque est d'idéaliser encore plus l'autre, de se bercer d'illusions, car ce qu'il me fait vivre est agréable.

Or, « c'est grâce à l'écart entre le désir et sa réalisation, grâce au retardement de la satisfaction des pulsions que naît et se construit le sentiment amoureux[3]. ».

La relation, avant d'être établie sur la sexualité, doit d'abord s'établir sur la *parole*. La parole permet la connaissance mutuelle et met entre les personnes une « bonne distance » : ni trop près ni trop loin. Il faut un « je » et un « tu » pour qu'il y ait une vraie altérité, un véritable amour dans le respect de chacun. « Dis-moi

3. Xavier LACROIX, *Les mirages de l'amour*, p. 164.

qui tu es, je te dirai qui je suis. » L'autre me révèle à moi-même, et cela prend du temps. Si je vais trop vite, je gâche tout.

Le don des corps n'est pas premier, mais il est l'aboutissement d'une connaissance réciproque et mutuelle, et l'actualisation d'un don des personnes sans réserve et sans reprise possible. À commencer une relation amoureuse par des relations physiques, on risque de court-circuiter l'échange des idées, des valeurs, des projets, et l'expression des sentiments si importante pour la durée de la relation ! C'est toujours trop tard qu'on réalise que ce qu'on a déjà donné ne pourra jamais être repris !

Et puis, il y a toutes les atteintes au corps, graves et condamnables par la justice : *abus*, *viols*, *inceste*, qui sont des actes posés par des adultes sur l'enfant ou le jeune adolescent, alors qu'il était sans défense, incapable psychiquement de comprendre ce qui se passait, ou imposés dans la violence ou la manipulation affective. Les dégâts peuvent être profonds, car les émotions qui ont été vécues ont été très intenses et souvent enfouies pour traverser une souffrance « indicible ».

Mariapaz a été contrainte par son grand-père à le caresser alors qu'il venait aider sa mère à donner les bains à la maison.

Loïc était coincé par une bande d'adolescents tous les soirs, en rentrant de l'école, et obligé de céder à leurs demandes.

Caroline était celle qui devait obéir à ses cousins à chacune des vacances familiales dans la propriété de ses grands-parents.

Souvent, la solitude, le tabou, la honte sont aussi blessants que les actes eux-mêmes, qui vont souvent être oubliés et refoulés dans l'inconscient dans une tentative désespérée de nier la réalité et d'y échapper. « Non, il n'est pas possible que j'aie pu vivre l'insoutenable », « Non, cela ne pouvait pas être mal, puisque j'aime mon père, mon grand-père, mon oncle : c'est moi qui dois être mauvaise » ou « Ce n'est pas grave, tout le monde doit vivre cela. » Un jour ou l'autre, ces mauvais souvenirs et les dégâts faits dans notre psychisme nous rattrapent, et il est alors temps de s'occuper de nous et de « nous soigner », pour restaurer en nous ce qui a été abîmé, croire que l'amour est quand même possible, que nous sommes dignes d'aimer et d'être aimés.

D. FACE À CES BLESSURES, QUE FAIRE ?

Tout d'abord, ne pas désespérer, croire que « *non*, nous ne sommes pas déterminés par notre passé ! » Si celui-ci influe sur nous, bien sûr, il ne nous conditionne pas : nous ne sommes ni condamnés à répéter ni enfermés dans la fatalité. Nous portons chacun en nous les traces de nos blessures, dans notre corps, dans notre psychisme, dans notre spiritualité, mais ces traces sont aussi la marque de notre unicité, de notre singularité. Chacun de nous réagit de façon unique à son histoire : « Qu'ai-je fait de ce qu'on m'a fait ? » Accepter de revisiter son passé pour comprendre, conscientiser les scénarios de vie, les croyances, les comportements répétitifs que nous avons pu mettre en place dans l'enfance, est très instructif lorsqu'on veut évoluer, prendre sa vie en main au lieu de la subir. Oui, nous pouvons changer : nous sommes même la seule personne que nous pouvons changer. Nous ne pouvons pas tout changer, mais nous pouvons nous déplacer, évoluer, changer de regard. Certains passent leur vie à espérer que les autres autour d'eux changent et en font une condition de leur bonheur. Ceux qui croient en la miséricorde de Dieu savent que nos blessures sont même le lieu privilégié où Dieu vient nous rejoindre et nous guérir. Dieu fait de notre vulnérabilité le lieu de notre croissance, de notre « retour vers Lui », vers l'autre. En tout cas, il nous faut bien sortir un jour de cette solitude qui nous pèse, de cette culpabilité qui nous fait nous ressentir comme honteux, minables, moins aimables que les autres. Oui, nous sommes « une merveille », mais cessons de croire, de façon passive, que les choses vont se « régler toutes seules ».

Céline arrive en consultation en disant : « Je n'en peux plus de ce masque que je porte. Je souffre de cet écart entre l'image de moi que je montre aux autres et la réalité de ce que je vis à l'intérieur de moi-même. » Céline a décidé d'entrer dans l'espérance, dans un chemin de croissance personnelle, c'est-à-dire de croire qu'aucune situation liée à sa problématique n'est définitivement bloquée, qu'il y aura une « issue de vie » malgré l'enfermement dans lequel elle se sentait prisonnière.

Pour guérir de nos blessures, tout d'abord il nous faut reconnaître avoir eu mal, avoir été blessé. Commençons par nommer notre blessure, par mettre des mots dessus. Quand ? Comment ? Par qui ? C'est concret. Souvent, le plus difficile, c'est de reconnaître que celui ou celle qui m'a blessé(e) est celui ou celle que j'aime le plus au monde : mon père, ma mère, mes frères et sœurs. Je vais toujours avoir tendance à excuser, à minimiser, à retourner contre moi la culpabilité. Que c'est difficile pour Céline de reconnaître que l'amour de sa mère a été un amour abusif, possessif, qui l'a empêchée de grandir dans le sens de son appel propre !

Pierre a bien du mal à accepter que l'autoritarisme de son père et ses principes rigides aient fait de lui un « petit garçon » qui, à trente-quatre ans, n'a jamais pris de décision personnelle dans sa vie.

Poser un choix libre, quand personne ne nous a fait confiance pour aller dans le sens de notre désir, et soutenir ce désir jusqu'au bout, c'est difficile, mais possible. Certes se cacher à nos yeux ce qui nous a manqué sur le plan affectif, sur le plan intellectuel, nous évite de souffrir : car reconnaître en nous la blessure signifie accepter de regarder en face la souffrance provoquée par cette blessure, de la rouvrir parfois, pour laisser les émotions enfouies ressurgir, et d'entrer dans un travail de pacification. Comment pacifier ce qui n'est pas nommé ? Comment avancer quand on ne sait pas ce qui bloque ? Comment entrer dans une relation saine si on ne sait pas qu'on recherche désespérément son père ou sa mère dans cette relation ? Comment trouver un mari quand on cherche en lui la reconnaissance qu'on n'a pas eue de son père ? Comment aimer une femme quand on recherche une mère ? La blessure est une atteinte à notre intégrité, à notre identité parfois, qui nous empêche d'être libres et d'entrer dans un amour adulte. La blessure nous fait aimer avec un cœur d'enfant, rechercher en l'autre ce qui nous a manqué enfants. Si nous n'identifions pas ce manque, nous risquons d'aller de déception en déception.

Par rapport à la sexualité

Une sexualité désordonnée est blessante pour soi et pour l'autre. Qu'est-ce qui a été blessé en moi par rapport à la vérité de l'acte sexuel tel qu'il a été voulu par

Dieu, c'est-à-dire le don de ma personne en vue de la communion avec l'autre, choisi pour lui-même, dans une alliance irrévocable ? On sait que ce n'est pas toujours ce qui est vécu : mais en quoi précisément cela a-t-il été blessant ? Qu'est-ce qui a été atteint en moi ? En quoi cela m'empêche-t-il d'avancer ? Quelle est ma culpabilité réelle ? La confession libère de la vraie culpabilité, celle que je ressens lorsque j'avoue que je suis responsable de mes actes et que je reconnais avoir offensé Dieu, l'autre et moi-même par mes comportements désordonnés. Dans le sacrement de la Miséricorde (pour les croyants pratiquants), Dieu guérit, Dieu donne Sa lumière et la force de sortir des ornières (de jeter journaux et cassettes porno, d'enlever les liens tentants sur l'ordinateur, de cesser la recherche de plaisir pour soi, d'utiliser l'autre comme un objet...).

Mais outre cette décision de stopper les actes mauvais, un jour il nous faut bien aussi décider de renoncer à nos vieilles culpabilités, à ce regard négatif sur nous-mêmes qui nous gêne, nous lie et nous attriste. Cette tristesse provient souvent d'une « mauvaise culpabilité », résidu de nos vieilles blessures, qui nous font nous ressentir comme minables, sans intérêt, sans avenir vers le bonheur. Ce tri entre la vraie culpabilité et ce sentiment de culpabilité non fondé est extrêmement aidant. Je ne peux me reprocher éternellement ce dont je ne suis pas responsable, mais je peux en faire quelque chose de positif et lui donner du sens.

Si je décide de me faire aider par un spécialiste sur ces questions, je le choisis en fonction de mes valeurs, car toute thérapie n'oriente pas nécessairement vers le don de soi et la relation à l'autre dans la vérité !

Pour ce qui est des blessures familiales et personnelles

Ouvrir les yeux, ne plus faire l'autruche et reconnaître que, dans nos familles, nous avons pu vivre des choses difficiles, douloureuses, ou bien des manques (bien faire la différence entre les actes et les personnes : on ne juge pas, on nomme des actes, des atmosphères, des comportements ambigus, mal situés, violents, qui ont été cause de souffrance chez nous). Tout le monde « a le droit » de souffrir et d'être reconnu dans sa souffrance. Il n'y a pas de « petite souffrance ».

Caroline a pu nommer toute sa tristesse vécue lors des réunions de famille chez elle lorsqu'elle était petite. Personne ne le savait, personne ne faisait attention à elle et, évidemment, elle se sentait incomprise de tous. Plus tard, elle a gardé cette tristesse comme une vraie souffrance, tapie au fond de son cœur, sûre que personne, surtout aucun homme, ne pourrait la comprendre.

À quoi bon se livrer dans des relations personnelles ? Toute souffrance demande à être reconnue, nommée, pour être traversée et dépassée. On peut alors lui donner du sens Ainsi, elle ne sera plus source de comportement irrationnel, aberrant, destructeur pour soi, pour l'autre ou pour la relation.

Une fois ces blessures identifiées, comprendre que, souvent, on demande à l'amour et à l'autre particulièrement de réparer son passé, de venir colmater ses propres blessures. On voudrait que la relation amoureuse qu'on est en train de vivre vienne nous consoler des blessures du passé.

Sara finit par penser, après quinze ans d'échecs amoureux, qu'elle choisit mal ses partenaires. Il faut dire qu'elle ne se demande jamais si elle les aime, les estime, apprécie leurs qualités, si elle pense qu'ils vont lui apporter de la tendresse, du plaisir, et l'enrichir d'une quelconque manière. « Je voulais absolument les aimer, parce que j'avais besoin qu'ils m'aiment. J'étais prête à tout, avec n'importe qui, pour recevoir et garder un peu d'amour. » Lorsqu'elle avait dix ans, sa mère, ayant perdu son mari par accident, s'était remariée avec un homme qui l'avait martyrisée. Sa mère n'osait rien dire, s'écrasait, ne prenait jamais en compte ses propres besoins. Fidèle à son « patrimoine éducatif » qui s'est transmis de mère en fille (ne pas tenir compte de ses propres besoins), sa seule crainte en rencontrant un homme était que lui ne l'aime pas, ou qu'il cesse de l'aimer, si bien qu'elle acceptait tout, jusqu'au jour où, n'en pouvant plus, elle finissait par le quitter brutalement. Sara demandait à l'amour de la réparer de la disparition brutale de son père et de lui prouver qu'elle pouvait « garder » un homme auprès d'elle. Mais cette quête désespérée était mal située, puisque Sara ne savait pas s'écouter elle-même, ayant été blessée par le manque de défense de sa mère face à la méchanceté de son beau-père.

De fait, c'est vrai ! L'amour peut avoir un pouvoir réparateur extraordinaire :

« Si on m'aime, c'est que je ne suis pas fautif, donc je ne suis pas si mauvais : le bon domine en moi. »

Se sentir aimé(e) donne une réassurance, une sécurité, un sentiment de plénitude, et vient guérir en nous certains éléments abîmés, par exemple le manque de confiance en soi.

Sara a décidé de ne plus se laisser humilier par un homme, de ne plus se laisser faire. Elle a travaillé son identité, « qui elle était », « qui elle voulait être », et quels étaient ses vrais besoins. Elle a compris que, si l'amour peut être réparateur, en même temps, on ne peut pas demander à l'amour de tout réparer. Sinon, on charge l'autre d'une mission impossible. Personne ne pouvait réparer l'histoire de Sara et la blessure d'abandon due à la mort de son papa. Personne ne pouvait réparer les humiliations dégradantes vécues par la faute de son beau-père, devant qui sa mère s'écrasait par peur d'être à nouveau abandonnée.

Laure nous témoigne : « J'ai vécu une blessure d'abandon, petite. Ma mère a été obligée de me laisser à l'hôpital après ma naissance, pour y subir une opération. J'ai compris que j'ai toujours cette crainte d'être à nouveau abandonnée, rejetée. L'amour pour moi ne peut durer. Il y a toujours quelque chose qui le rend menaçant. Je ne peux m'empêcher de demander à mon ami de me "réassurer" en permanence sur le fait que jamais il ne me lâchera. En même temps, lui, à la longue, se plaint de cette demande répétée et insistante, qu'il vit comme un manque de confiance, comme si je ne croyais pas en sa parole, comme si ses gestes n'avaient pas de valeur, étaient insignifiants... Du coup, il est très fragilisé et se met à douter de ses sentiments pour moi, ce qui est le contraire de ce que je cherche. »

Mathieu voudrait que sa fiancée vive la même foi que lui, parce que ses parents se chamaillaient tout le temps à ce sujet et que lui vivait ces « disputes » de façon traumatisante : « L'amour, ça doit être d'avoir la même foi. » Du coup, il impose à sa fiancée une foi qui viendrait réparer sa souffrance d'enfant, lorsque ses parents se disputaient à ce sujet, ce qu'elle, évidemment, juge tyrannique et sans aucun rapport avec l'amour réel qu'elle voue à son fiancé !

Chacun est responsable de ce qu'il fait de son histoire personnelle, de ses blessures et de son passé, et c'est pour cela que le travail d'identification des blessures personnelles est si important quand on entame une relation amoureuse. On impute à la relation des difficultés qui, en fait, ne viennent que de notre histoire personnelle. La relation joue alors un rôle de révélateur, de miroir de ce qui ne va pas chez moi, et que j'ai tendance à projeter sur l'autre.

Attention à ne pas charger l'autre d'un poids qui nous appartient… ce qui nous évite de nous sentir responsables de notre passé !

Nesrine reproche à Jean de ne pas lui témoigner suffisamment de gestes et de paroles tendres et affectueuses. Jean s'en défend et trouve que « pour un homme », il est largement plus démonstratif que la plupart de ses amis. Nesrine finit par reconnaître que jamais son père ne lui a adressé affectueusement la parole, qu'elle recherchait alors désespérément des gestes de tendresse de sa part, et elle a compris qu'il lui faudrait renoncer à ce qu'elle n'avait pas reçu comme affection de sa part dans son enfance, sans charger son fiancé de cette mission impossible de « rattraper » ou de « remplacer » ce qu'elle n'avait pas reçu.

Question :

1. Quelles sont les blessures d'enfance les plus douloureuses ? Qu'ai-je ressenti alors ? Comment ai-je réagi ?
2. Quels sont mes besoins émotionnels les plus importants ? À qui est-ce que je pense lorsque je souhaite qu'ils soient satisfaits ?
3. Quel est mon rapport à mon corps ? Est-il mon meilleur ami ?
4. Ai-je des craintes, des doutes, des blessures par rapport à la sexualité ? En ai-je déjà parlé à quelqu'un ?
5. Est-ce que je ressens de la culpabilité ? De quoi ? Est-elle fondée ?

CHAPITRE IV

Que faire pour avancer ?

Nous l'avons déjà dit : nous ne sommes pas déterminés par notre passé, simplement influencés par lui. C'est notre terreau, le terreau de notre croissance. Notre liberté d'hommes et de femmes, créés à l'image de Dieu, nous rend capables de donner un sens à ce que nous avons vécu, d'en faire quelque chose pour notre « aujourd'hui ». Chacun a la ressource en lui, en elle, pour « avancer », pour construire du neuf, même à partir de ce qui a manqué, de ce qui a pu être abîmé. Pour cela, voici plusieurs étapes importantes qui permettront d'avancer dans notre vie relationnelle.

A. SE RÉCONCILIER AVEC SON PASSÉ

Être responsable de sa vie, devenir adulte, si c'est quitter le monde de l'enfance, c'est aussi entrer avec Jésus sur un chemin de *pardon*. « Père, pardonne-leur, ils ne savent pas ce qu'ils font. » Nos proches, ceux dont nous attendions de l'amour, de la sécurité, un modèle et des repères, ont pu faillir à leur mission. Nous avons pris le temps de démêler notre histoire, d'identifier ce qui nous a peut-être manqué ou abîmés.

Mais après avoir identifié nos blessures, nous avons reconnu qui est notre (nos) offenseur(s) (c'est-à-dire à l'origine de la blessure), non pour l'accuser, le dénigrer, mais pour « entrer » dans ce chemin du pardon qui libère. Le pardon permet de quitter cet état de victime dans lequel on peut facilement s'enfermer, et d'entrer dans de nouvelles relations. Des relations qui ne soient pas réparation du passé, répétition d'une histoire connue ou recherche pour dénouer des nœuds anciens. Il nous faut réaliser quels comportements nous avons mis en place pour moins souffrir de nos émotions négatives engendrées par la blessure (peur, tristesse, haine, dégoût, mépris, jalousie, colère, haine, etc.) : voilà la matière du pardon. Le pardon est un acte libre de la volonté, qui remet la dette de notre offenseur (père, mère, frère, sœur, cousin, grand-père, grand-mère…) et qui nous rend à nouveau libres par rapport à lui, à elle. Le pardon nous libère de la rancune, du désir de vengeance, et libère notre offenseur. On peut pardonner même à celui ou à celle qui ne reconnaît pas ce qui m'a fait du mal. Trop de personnes attendent toute leur vie que leurs parents reconnaissent les avoir « mal aimés » ou pas comme ils l'attendaient… Mais les parents ont fait du « mieux qu'ils pouvaient », compte tenu de leurs propres blessures, de leurs propres incapacités. Le pardon est un acte d'amour, de charité, qui nous identifie au Christ et nous rend capables à nouveau d'aimer, d'un amour dégagé d'attentes mal situées, du besoin d'être reconnus, du rêve que notre bonheur dépend de celui de l'autre, etc. Le pardon rétablit une juste distance dans la relation aux autres et à celui ou celle qu'on aime. Il permet de vivre un amour adulte, dans une vraie relation d'altérité.

Justin a compris que jamais son père ne lui demanderait pardon pour ces « raclées » injustes qu'il prenait lorsqu'il se battait avec son frère. Celui-ci se débrouillait toujours pour que son aîné prenne les coups de ceinture, alors qu'ils étaient bien deux à se chercher. Il a compris que ces coups étaient injustes, disproportionnés, qu'ils ont cassé la confiance et l'intimité qu'il aurait souhaité avoir avec son père. Justin a compris que cette haine qui l'habitait envers son père le rendait méfiant dans toute relation : il n'osait se dévoiler, montrer ses sentiments, de peur d'être malmené. Justin s'est fait un cœur de pierre, un cœur qui ne souffre plus, jusqu'à ce qu'il accepte de lâcher sa souffrance, pour se laisser à nouveau émouvoir par une relation dans laquelle il pourrait y avoir de l'amour. Justin a pardonné à son père, il lui a remis sa dette et a été rendu libre pour rencontrer une jeune fille sans être blindé. Justin n'a plus peur de l'amour et de se laisser aimer.

Le travail de pardon permet de démêler la culpabilité qui m'appartient (celle dont je suis responsable) de la culpabilité qui ne m'appartient pas, mais que je prends sur mes épaules pour éviter de reconnaître que ceux que j'aime m'ont blessé(e). Justin se sentait « mauvais », moins bon que son frère, pourtant plus jeune. Il est rentré dans une spirale d'échec scolaire, comme pour confirmer que son père avait bien raison de le battre lui, et non son frère. Il a laissé son frère être méchant avec lui, pour attirer l'attention de ce père qui n'admirait que son frère. Justin est responsable de ce qu'il a fait de cette jalousie qui l'envahissait, il est responsable de ne pas avoir tenté de parler pour se défendre, pour rétablir la justice ; il est responsable de s'être enfermé dans la haine. Mais il n'est pas responsable de s'être senti moins aimé, d'avoir été corrigé plus durement que son frère.

Pour avancer, de façon libre et joyeuse, un jour

ou l'autre, il nous faut faire le tri et demander à être dégagés de notre culpabilité. Lorsque j'ai fait le mal, que j'ai offensé Dieu et mon prochain par des actes et des comportements mauvais, je leur en demande pardon, de façon claire et précise, et je reçois le pardon de Dieu dans le sacrement de réconciliation où ma culpabilité réelle est lavée, effacée. Justin a avoué et a regretté s'être coupé de l'amour en se faisant un cœur dur, fermé aux émotions, doutant de l'amour. Il a reconnu sa complaisance dans l'entretien de cette jalousie, avec tous les mécanismes de dépréciation de soi dans lesquels il est entré. Mais lorsque je n'ai rien à me reprocher et que je ressens quand même de la culpabilité, celle-ci est probablement la conséquence de blessures anciennes : je préfère me sentir coupable, mauvais, que d'« accuser » ceux qui m'ont fait du tort. « Je m'en veux, je ne suis pas assez bien, pas capable, pas aimable, nul, etc. » Non, Julien n'était pas nul, il était un jeune homme qui n'avait jamais été reconnu pour ce qu'il était, qui ne croyait pas en lui et en sa valeur personnelle. Julien a reconnu « en vouloir » terriblement à son père et a accepté d'entrer dans ce travail de pardon, qui est un processus, un chemin, un deuil qui peut prendre du temps… sans négliger le pardon à soi-même d'être rentré dans ces croyances erronées sur soi.

B. LE PARDON. EST-CE TOUJOURS POSSIBLE ?

« Vous parlez de pardon, nous direz-vous, mais comment pardonner l'impardonnable ? »

Pour répondre à cette question, il nous faut déjà dire ce que le pardon n'est pas.

1. Les fausses conceptions du pardon

Pardonner n'est pas oublier.

Nous avons été blessés. C'est inscrit en nous, dans notre mémoire, physique, psychique, et contrairement à ce que l'on entend dire parfois (« Oublie tout cela, tourne la page »), oublier, c'est refouler et cela ressort toujours un jour ou l'autre, d'une façon ou d'une autre. D'ailleurs pour pouvoir pardonner, il faut pouvoir se souvenir de l'événement, du comportement, du manque, etc. qui nous a blessés et des conséquences dans notre vie. Il sera important d'être précis dans la démarche du pardon. Car ma souffrance, jointe au sentiment de culpabilité vis-à-vis de l'offenseur, fait que l'offenseur essaie souvent d'échapper à la réalité, de se défausser de sa responsabilité, en se persuadant qu'il n'y a pas offense, donc aucune nécessité réelle de demander pardon (« C'est de ta faute si tu réagis comme cela » !).

Pardonner ne signifie pas nier.

Ne pas se dire non plus : « Ce n'était pas grave, tu n'as pas fait exprès, mieux vaut ne plus y penser. » C'est déresponsabiliser celui qui nous a fait du mal (même s'il n'a pas eu l'intention de nous blesser !), c'est l'empêcher de se décharger de son fardeau s'il en reconnaissait la culpabilité. Nous pouvons nous permettre l'expression de la protestation qui est la nôtre, de la plainte qui nous habite. « Amour et Vérité se rencontrent, Justice et Paix se rencontrent » (Ps 85, 11). Le fait que nous avons réellement été blessés est une vérité que nous avons à prendre en compte.

Pardonner n'est pas qu'un acte de volonté.

Ce n'est pas aussi simple de pardonner ! Cela prend du temps ! Il ne suffit pas de le vouloir pour le pouvoir : toutes nos facultés sont sollicitées : la pensée, nos sentiments et nos émotions, notre mémoire et notre imagination. Notre foi également, pour ceux qui croient en Dieu : croire en l'autre, poser sur lui ou elle le regard d'amour de Jésus, qui ne juge pas, ne condamne pas, espère en l'autre, c'est-à-dire ne le réduit pas à son acte, à son comportement.

Il est difficile pour tous d'échapper au pardon « magique et instantané » de notre enfance : « Va demander pardon à ta sœur, à ton frère, à papa, à maman », on passe l'éponge !

Pardonner ne peut être commandé, exigé.

« Il faut que tu pardonnes ! » Personne ne peut m'obliger à pardonner, surtout pas « mon offenseur » ! Le pardon est un acte libre, gratuit, qui part du cœur profond de la personne et, pour ceux qui se laissent toucher par l'Évangile, du désir de se laisser conformer à Jésus : « Père, pardonne-leur, ils ne savent pas ce qu'ils font. » Avant d'être une obligation morale ou une pratique psychologique pour trouver la paix, le pardon est d'abord un don de Dieu. Plus nous expérimentons la puissance de la Miséricorde pour nous, plus nous devenons capables à notre tour de faire miséricorde à ceux qui nous ont blessés.

Pardonner ne veut pas dire « revenir comme avant l'offense ».

On ne pardonne pas pour changer l'autre, ses parents… Ni pour rétablir une relation identique à celle que nous avions avant d'avoir mal. On rêve de revivre une enfance heureuse, sans conflits, avec de bonnes relations les uns avec les autres. Mais nous faisons, dans la vie de famille, l'expérience des limites de l'autre, de ses fragilités, de son péché (avec ses fermetures, son égoïsme, sa violence, son désir de tout ramener à soi, d'avoir le dernier mot sur tout, etc.). Nous entrons, avec le pardon, dans l'amour de l'autre « tel qu'il est », avec ses différences, ses résistances à évoluer, ses difficultés à m'aimer, à accepter mes fragilités, à se convertir parfois. Amour de l'autre dans la réalité de son être, et non pas tel que je l'avais rêvé(e)…

Pardonner n'est pas excuser.

Beaucoup de jeunes « excusent leurs parents » pour ne pas les faire descendre du piédestal sur lequel ils les ont placés. « Je lui pardonne, mais ce n'est pas de sa faute » s'il (si elle) boit, s'il passe ses soirées sur Internet au lieu de s'intéresser à moi, si elle me raconte sa liaison avec un collègue de travail, me prenant pour son thérapeute et discréditant papa à mes yeux, etc. Mais c'est « protéger » son parent, c'est un peu comme si on disait : « C'est un grand enfant, il n'est pas responsable… », c'est le protéger, le materner, ce qui n'est pas le rôle de l'enfant.

Pardonner n'est pas une démonstration de supériorité morale.

L'offensé peut essayer de camoufler sa souffrance, sa honte, sa désespérance, par une attitude de supériorité morale, d'humour caustique ou de chantage affectif : « Je veux bien encore te pardonner, mais ne recommence pas… » Le vrai pardon du cœur s'accomplit dans l'humilité, ne met aucune condition, n'exige rien de l'autre.

Pardonner ne consiste pas à « se décharger sur Dieu » du boulot !

On entend souvent dire : « Le pardon n'appartient qu'à Dieu, pour les hommes, c'est impossible ! » Oui, c'est vrai, mais Dieu nous rend capables de pardon, puisqu'Il nous partage Sa vie. Plus encore, Il vient Lui-même pardonner en nous, si nous le Lui demandons, et si nous ouvrons notre intérieur blessé. Le pardon tient à la fois de l'action humaine et de l'action divine. La nature et la grâce ne s'éliminent pas, au contraire, elles se coordonnent et se complètent.

2. Les étapes du pardon [1]

Étape 1 : accepter la colère et l'envie de se venger

La colère exprime souvent un sentiment d'injustice ; elle ne coupe pas la relation, elle n'est pas violence, même s'il y a de l'agressivité.

À l'inverse, la révolte est la recherche d'un coupable, à qui on veut faire payer sa dette jusqu'au bout. La révolte casse la relation : elle est désir de vengeance jusqu'à la haine, rumination, enfermement morbide dans sa propre souffrance.

Si l'on réprime sa colère et son goût de vengeance, nous ne pourrons pas pardonner totalement et définitivement, car alors, on risque fort de se couper de soi et

1. Voir Jean MONBOURQUETTE, *Comment pardonner*, Paris, Bayard , 2001.

de ce que l'on a vécu. Il ne s'agit pas d'encourager le ressentiment, mais de prendre la colère comme une passion (neutre, qui s'impose, que l'on n'a pas choisie ; d'ailleurs elle est le signe d'une blessure). Ce sentiment d'irascibilité, qui est un mouvement de l'âme, est une vraie énergie qui permet de réagir face à une injustice, à un mal, et qui peut-être une force de vie, si elle est bien canalisée et bien orientée.

a. Les effets néfastes de la colère refoulée

Si l'on réprime sa colère, on peut s'attendre à la voir ressurgir, tôt ou tard, sous forme de déviation (maladie psychosomatique, réactions désordonnées avec les autres, panne de désir, dépression, agressivité incontrôlée, critique hargneuse de tout, bouderie, cynisme...). On ne peut réprimer de façon durable une énergie émotionnelle.

Un des effets négatifs, très fréquent, est le transfert de la colère sur les autres (qui peut être Dieu...), ou le fait de la retourner contre soi-même quand le lien affectif est important et la culpabilité très forte. La mauvaise humeur ou la dépression est souvent une colère non reconnue.

b. Les côtés bénéfiques de la colère

La colère est un moyen de survie physique, psychologique et morale, qui cherche à enlever les obstacles à la communication, à l'amour. Elle est à l'opposé de ce qui se passe en nous quand on affiche une attitude d'indifférence, d'impassibilité (voir les personnes toujours lisses, mais très violentes à l'intérieur d'elles-mêmes).

c. Maîtriser sa colère pour la mettre à son service

Dès que l'on sent la colère monter en nous, on peut lui parler, l'apprivoiser, la comprendre comme une amie, la canaliser et la laisser soit s'apaiser, soit s'exprimer avec justesse, sous notre contrôle.

Les émotions constituent des énergies humaines positives, elles demandent à être reconnues, maîtrisées et utilisées à bon escient. Écrire sa colère, sous forme de lettre fictive à notre « agresseur », est un bon moyen de la laisser sortir de nous, de mettre des mots dessus.

d. Objections à se détacher du ressentiment

Certaines personnes blessées refusent de lâcher leur ressentiment : c'est comme si elles craignaient de se trahir elles-mêmes, tant elles sont habituées à ce fonctionnement, à cette « seconde peau » ; elles ne se rendent pas compte que cela conduit à la détérioration de soi et à des cycles de vengeance stérile.

Étape 2 : reconnaître sa blessure et sa pauvreté

a. Le phénomène des mécanismes de défense

Le phénomène des mécanismes de défense, au niveau psychologique, a *pour but d'atténuer une trop grande souffrance*.

– résistances cognitives qui consistent à nier l'offense et tentent d'en minimiser l'impact sur soi, ou bien qui consistent à vouloir gommer le conflit, par un pardon rapide et superficiel, parce que les conséquences en sont douloureuses ;

– résistances émotives qui consistent principalement à ressentir un sentiment de culpabilité qui fera dire : « J'ai mal fait, je suis coupable. » Avec parfois aussi le ressenti de honte qui fera affirmer : « Je suis mauvais, je ne vaux rien. »

b. Partager sa blessure avec quelqu'un

– Pourquoi partager son intérieur blessé ?

Pour ne plus être *seul* à porter le poids de la souffrance ; pour revivre l'événement passé dans le présent, dans un contexte plus sécurisant ; pour avoir quelqu'un en qui j'ai confiance et qui me servira de miroir et de témoin de mes émotions. C'est l'un des rôles du thérapeute : c'est le garant, celui qui m'autorise à traverser ma douleur, mais aussi à la lâcher un jour.

– Partager avec l'offenseur lui-même.

Quand c'est possible, après avoir prié et pris le recul émotionnel nécessaire. Il est bon, avant de parler, d'écrire parfois, pour répondre précisément à la question : « Qu'est-ce que j'ai souffert et qui vient de l'autre, pour lequel je lui en veux encore ? » Pouvoir s'écouter, s'entendre (quand l'autre peut entendre notre souffrance, sans le vivre comme une accusation, ce qui est rare pour des parents, car ils ont fait souvent du mieux qu'ils ont pu) ; avoir une franche explication peut enlever des malentendus, et sortir du « tu as tort, j'ai raison ».

– Quand le partage avec l'offenseur est impossible.

Parce que l'offense est trop grande, que l'offenseur est insensible à notre souffrance ou dans le déni de ce que nous avons vécu ou décédé, alors le thérapeute (qui peut « tout » entendre) accueille nos émotions négatives *pour que* la démarche de pardon soit quand même possible. C'est lui qui va mettre en route vers le pardon.

Étape 3 : lâcher le désir de vengeance

a. Décider de ne pas se venger

Prendre conscience que le désir de vengeance enferme dans le ressentiment, la bouderie, l'hostilité, la colère, le mutisme… qui génèrent en nous le stress et une destruction de notre équilibre ; pardonner, c'est casser l'engrenage de la violence, « désarmer l'offense[2] », c'est redevenir libre et libérer l'autre, le « laisser aller son chemin ». C'est renoncer à faire payer la dette.

b. Faire cesser les gestes offensants

Faire cesser les actions, les paroles, les gestes offensants, c'est se respecter soi-même, pour durer dans une attitude de non-vengeance. Par exemple, refuser les gestes ou les paroles de violence, de dénigrement, les insultes, les déviations sexuelles, l'autoritarisme ou la domination écrasante, les menaces et la manipulation, le chantage affectif, etc., exiger que l'autre se fasse soigner en cas de maladie psychiatrique, dépendance à l'alcool, pornographie, etc.

Étape 4 : bien identifier sa perte pour en faire le deuil

C'est un long travail d'enfantement, de Pâques : c'est en quelque sorte une « mort à soi-même », à sa volonté propre et à ce qu'on avait peut-être projeté de la famille idéale, du couple parental rêvé, de la relation mère-fille, ou mère-fils (père-fille ou père-fils) que nous rêvions de former. Nous devons renoncer à une part de notre rêve, de nos illusions. Reconnaître que nous nous étions trompés sur l'autre : notre père, notre mère ne seront jamais exactement ce que nous aurions souhaité qu'ils soient… mais ils restent nos parents que nous aimons d'affection filiale le plus souvent.

2. Jean LAFFITTE, *Le pardon transfiguré*, Paris, Desclée/Éd. de l'Emmanuel, 1995.

a. Bien identifier sa perte

Nous sommes souvent plus blessés par notre propre interprétation d'un événement et par la peur de souffrir que par l'événement en lui-même. Se demander quelle partie de soi a été atteinte, ce que l'on a perdu. Dans quelles valeurs nous sommes-nous sentis attaqués, non reconnus ? Et prendre conscience que *ce n'est pas tout notre être* qui a été offensé, abîmé.

b. Guérir les toutes premières blessures de l'enfance

Les blessures les plus difficiles à reconnaître et à identifier sont celles qui remontent au passé lointain de l'enfance : ce sont les comportements et les réactions de défense, reflets de traumatismes anciens, que la moindre offense réveille. Par exemple : ne pas avoir été désiré, ne jamais se croire aimé ou aimable, avoir besoin d'être en opposition pour exister, rester amoureux de son père ou de sa mère, ne pas croire à l'amour du couple, avoir un problème d'identité homme ou femme, etc.

Étape 5 : se pardonner à soi-même

Beaucoup de « désamours » en couple ont leur racine dans un manque d'estime de soi. « Je suis indigne d'être aimé. »

a. Prendre conscience de la haine de soi-même

Le principal obstacle qui nous empêche de pardonner à l'autre est l'incapacité de se pardonner à soi-même : on se culpabilise (à tort…, on s'en veut d'être moche, on se sent fautif, on se dévalorise, on est un gendarme terrible pour soi-même) et on prend sur ses propres épaules (par amour mal situé) une part de la responsabilité de l'offenseur.

b. La genèse de la mésestime de soi (orgueil caché...)

– la déception de ne pas avoir été « à la hauteur », la non-acceptation de nos limites, de n'être qu'une créature ; c'est le contraire de l'humilité, c'est la toute-puissance ;

– les messages négatifs reçus de notre entourage : parents, famille, école, etc. « C'est un paresseux, un coléreux, un maladroit, un rêveur... » ;

– l'identification à l'agresseur. C'est en quelque sorte un moyen de survie, qui nous identifie à l'agresseur (« Tu m'as fait mal, mais c'est bien fait pour moi, je l'ai bien mérité »). Une partie de notre être se fait alors tyrannique et impitoyable, ce qui se traduit par une exigence démesurée envers soi-même, et des « il faut que, je dois, j'aurais dû, c'est toujours de ma faute, je ne m'autorise pas à avoir des faiblesses, à me tromper ». Situation très fréquente chez les personnes blessées et perfectionnistes ou légalistes.

Étape 6 : comprendre son offenseur

– Comprendre l'offenseur ne signifie pas l'excuser, et encore moins le disculper !

Le comprendre, c'est porter un regard lucide sur lui, sur ses actes, pour saisir toutes les dimensions de sa personne et les motifs de sa faute (sans confondre les deux).

– Comprendre l'offenseur implique de cesser de le blâmer en permanence.

Le souvenir de nos blessures conditionne notre regard sur l'offenseur et le met dans une position où il est incapable d'évoluer, il devient la méchanceté personnifiée. « Il est rigide, elle fait exprès de ne pas me comprendre, il est toujours radin... » « Ne pas juger » ne signifie pas ne pas se servir de son jugement, mais plutôt « ne pas s'en servir pour condamner ». Le non-jugement dans l'acte de pardon amène, en quelque sorte, à une *trêve* avec son offenseur (arrêt des reproches, sortie du rôle de victime), mais aussi à une réconciliation avec le côté obscur de soi-même (sérénité, paix du cœur).

– Comprendre, c'est mieux connaître les antécédents de l'autre.

Il est clair qu'une meilleure compréhension des antécédents familiaux, sociaux, culturels et spirituels de notre parent aidera à lui pardonner.

– Comprendre, c'est chercher l'intention positive de l'offenseur.

C'est une manière d'essayer de rejoindre l'autre, de ne pas voir le mal partout, et peut-être découvrir une intention positive dans un geste maladroit (ou du moins neutre).

– Comprendre, c'est découvrir la valeur et la dignité de l'offenseur.

On a tendance à réduire l'offenseur à son geste malveillant, et dès lors à le mésestimer, voire à le mépriser ; en dépit de ses fautes passées, il reste capable d'évoluer pour une part et de s'améliorer.

– Comprendre, c'est accepter de ne pas tout comprendre.

Si quelqu'un me fait du tort, je dis à Dieu : « Je ne comprends pas pourquoi il me fait cela, mais j'ai confiance que Toi, Tu le sais et que Tu en tireras un plus grand bien. »

Étape 7 : s'ouvrir à la grâce de pardonner et décider de pardonner

Le pardon ne peut se faire que dans une vraie relation de confiance en Dieu. Pour cela, il nous faut lâcher les fausses images de Dieu que nous pouvons avoir.

Le pardon de Dieu n'est pas conditionné par nos pardons humains. Dieu ne pardonne pas « à la condition » que j'aie pardonné à autrui.

Comment Jésus pardonne-t-Il ? Il prend l'initiative : avec la Samaritaine, Zachée, Marie Madeleine... Il n'attend pas que l'autre demande pardon. Avant même de parler de pardon, il commence par établir une relation de personne à personne.

L'offensé aussi doit chercher à faire la vérité sur lui-même et profiter de son expérience douloureuse pour réviser certaines de ses attitudes et croyances, ses jugements tout faits et certains de ses positionnements dans ses relations. Il aura probablement à accueillir la miséricorde de Dieu pour ses replis sur lui-même, sur ses enfermements sur sa souffrance, ses jugements de l'offenseur, et à se pardonner ses réactions disproportionnées ou de victime. Entrer dans une prière de bénédiction pour l'offenseur, dans l'amour inconditionnel, l'acceptation des limites, le soutien et la patience, mais aussi le souci de la sanctification mutuelle.

« Aimez-vous les uns les autres comme je vous ai aimés. »

Et enfin, poser un acte de volonté, en réponse à l'appel de Dieu et en coopérant à sa grâce. Sans la décision, il ne se passe rien. Le pardon n'est pas un sentiment, c'est un acte libre.

Le pardon est un chemin pascal qui nous met à la suite du Christ et qui nous rend libres.

C. CULTIVER L'ESTIME DE SOI

La mauvaise culpabilité, celle qui n'est fondée sur rien au niveau de notre responsabilité, sape l'estime de nous-mêmes. D'où la question : quel regard est-ce que je porte sur moi-même ? Est-ce que je me vois comme une personne *digne* d'estime et d'amour ? Si certains d'entre vous, en nous lisant, pensent : « Je ne m'aime pas », ou pensent de façon machinale et récurrente : « Je ne suis pas aimable », relisez le passage suivant de l'Évangile, où un pharisien demande à Jésus : « Maître quel est le plus grand commandement de la Loi ? Jésus lui dit : "Tu aimeras le Seigneur ton Dieu de tout ton cœur, de toute ton âme et de tout ton esprit." Voilà le plus grand et le premier commandement. Le second lui est semblable : "Tu aimeras ton prochain *comme* toi-même" (Lv 19, 18). Toute la Loi et les Prophètes se rattachent à ces deux commandements » (Mt 22, 36-40).

La parole de Dieu nous indique que l'amour de soi est un préalable à l'amour du prochain, une relation première sur laquelle se fonde la relation à l'autre. C'est logique : si je n'apprends pas à m'aimer moi-même qui me suis le plus proche, j'aurai du mal à aimer mon prochain en vérité, et aussi, sans doute, à me laisser aimer par lui. La relation amoureuse sera alors rendue difficile. Pour plaire, il faut se plaire ; pour inspirer le désir, il faut se sentir désirable.

On entend des hommes, des femmes se plaindre de ne pas rencontrer l'âme sœur, de rompre la relation dès qu'elle pourrait déboucher sur du sérieux et du long terme, de s'installer dans des liaisons douloureuses où ils se font dénigrer, insulter et manquer de respect, d'avoir des bouffées d'angoisse dès qu'il est question d'engagement.

Comment aimer et se laisser aimer si je me déteste ou même si je me veux du mal ? Par exemple, comment continuer à m'aimer, à m'estimer digne de respect et d'amour si je viens d'essuyer un échec sentimental douloureux, qui me culpabilise, me dévalorise et me fait douter de moi-même ?

L'estime de soi n'a rien à voir avec l'égoïsme ou le narcissisme. Il consiste à « nous sentir dignes d'amour et de respect quels que soient nos réussites ou nos échecs ». Nous n'avons pas besoin de « briller », d'être « le meilleur », « la meilleure », pour aimer. Bien sûr, il faut séduire, mais au bon sens du terme, c'est-à-dire simplement être soi, s'affirmer, exister, être capable de choisir. Certaines « célibattantes », fatiguées de chercher l'amour dans chaque rencontre, sont prêtes à tout concéder pour poser leur tête sur une épaule. Elles iraient même jusqu'à se renier elles-mêmes, en devenant une autre.

Julie se demande pourquoi elle tombe toujours sur des hommes négatifs. Pourquoi ? « Parce que je les attire. Ils sentent qu'ils ont trouvé une "bonne poire" qui va les supporter même paresseux, égoïstes, agressifs, coureurs... » À chaque fois, elle veut tellement croire que « cette fois-ci, c'est la bonne » qu'elle se prête à toutes les concessions, sans aucun respect pour elle-même. Elle veut absolument être aimée : tous les moyens sont bons, au risque de se saboter elle-même. Elle-même dit : « Certaines choses auraient pu changer si j'avais posé mes conditions. J'aurais dû leur dire ce que je ressentais, savoir au fond ce à quoi je tenais. Au lieu de quoi, j'ai gardé le sourire en leur faisant croire que tout allait bien. »

D'autres sont terrorisés à l'idée de « rester sur le carreau », de ne pas « sortir du lot » : alors, ils sont dans l'excès ! Soit ils se font toujours remarquer, se mettent en avant, parlent haut et fort, soit se font tout petits, se cachent et observent, attendant « le coup de baguette magique »... qui n'arrivera jamais ! Beaucoup se font des idées sur la façon dont les autres ont démarré une relation amoureuse : « Ça a dû être évident pour eux ; sûrement, ils étaient transportés par des grands élans qui les attiraient l'un vers l'autre avec une grande force, etc. » Chacun se construit une histoire qui lui permet souvent de se comparer négativement aux autres et de se donner de « bonnes raisons » de ne pas rester simple et bien situé, sûr de sa valeur propre et du fait qu'il a de l'intérêt pour quelqu'un d'autre.

S'estimer, s'aimer soi-même, est en principe naturel ; c'est lié à notre instinct de conservation, à nos pulsions de vie. Saint Paul dit : « Nul n'a jamais haï sa propre chair ; on la nourrit, au contraire, et on en prend bien soin » (Ep 5, 29).

Nous connaissons pourtant dans notre entourage, ou nous sommes peut-être nous-mêmes, des personnes bourrées de complexes, qui se détestent et se maltraitent, de manière plus ou moins grave, par exemple en ne prenant pas soin de soi, en se nourrissant trop ou pas assez ; d'autres se blessent volontairement dans leur corps, ou dans leur âme par des pensées négatives ou des conduites autodestructrices. En consultation, on entend des phrases comme : « Je ne crois pas au bonheur pour moi ; l'amour, c'est pour les autres ; j'ai une malédiction qui pèse sur moi ; ce n'est pas possible que quelqu'un s'intéresse réellement à moi ; si quelqu'un m'aime, fatalement il me quittera dès qu'il me connaîtra réellement... »

Ces pensées, ces comportements découlent toujours d'une image de soi très négative, qui empêche de « se vouloir du bien ». À la limite, ces personnes croient qu'elles n'ont pas le droit d'être heureuses, ni même de vivre en paix. Alors, quel stress ! Quelle angoisse ! Comment créer un couple si « on n'existe pas », si on ne croit pas en soi, si cela ne vaut pas la peine de vivre. Ces attitudes punitives sont souvent liées à cette culpabilisation précoce mal située dont nous parlions plus haut.

Et parfois, cette culpabilité est renforcée par une mauvaise compréhension de certains passages de l'Écriture : les appels évangéliques au renoncement, à la petitesse peuvent être mal interprétés par les chrétiens pas bien « dans leur peau ». « Aimer, c'est se sacrifier, c'est disparaître au profit de l'autre, c'est répondre à tous ses besoins, à tous ses désirs… C'est toujours faire plaisir à l'autre, et souffrir soi-même. » Or il ne faut pas confondre « renoncer à son égoïsme » et négation ou dépréciation de soi. Le Seigneur nous commande de nous aimer nous-mêmes, comme Lui nous aime, ce qui n'est pas rien !

Nous savons aujourd'hui l'importance pour l'enfant de grandir avec une bonne estime de lui-même : comment ? Par les messages valorisants, l'amour inconditionnel de ses parents (ou de substituts parentaux), la tendresse, les caresses, les marques d'affection, l'attention à sa personne unique, de manière à ce qu'il grandisse dans son identité et acquière une autonomie de plus en plus grande : avoir confiance en soi, ne pas s'écrouler après un échec, résister aux moqueries ou aux dévalorisations inévitables de la vie, etc. Mais nous avons peut-être manqué de ce terreau favorable dans notre famille[3] et nous n'avons aucune estime de nous-mêmes, ou pas assez !

Alors que faire ? Se lamenter, en restant dans le reproche envers les autres et la plainte que la vie soit injuste ? Ou prendre notre vie en main et trouver en nous, aujourd'hui, les ressources personnelles pour développer cette juste estime de nous-mêmes (qui va nous aider à nous aimer et à avoir confiance en nous pour entrer en relation avec l'autre) ?

3. Voir « Les blessures familiales », p. 73 et s.

Cultiver, au besoin restaurer, cette juste estime, sans la laisser se transformer en orgueil ou égoïsme, ce qui viendrait ensuite aussi parasiter la relation aux autres et bloquer le don de soi : (par exemple : « Il [elle] n'est pas digne de moi, de mon milieu social, de ma famille ; je ne veux pas me "bouger" pour cette personne, être dérangé[e] dans mon confort et mes habitudes de célibataire »).

Nous allons pour cela aborder quatre façons de développer notre estime de nous-mêmes par rapport à :

1. Notre identité profonde ;
2. Notre « vouloir propre » ;
3. Notre manière de communiquer ;
4. Notre rapport à l'action.

1. La juste estime de son identité propre

Pour pouvoir me dire : « Je suis aimable », je vais avancer en m'appuyant sur un fait indéniable : « Je suis aimé par Dieu, tel que je suis, créé et sauvé par Lui. J'ai du prix à Ses yeux. »

Le regard d'amour divin nous fait nous estimer nous-mêmes, en tant que personne, quel que soit le jugement porté par nous ou par les autres sur notre agir. C'est important de distinguer l'être et le faire.

C'est la parole du psalmiste : « Je te remercie, Seigneur, pour la merveille que je suis » (Ps 139 [138], 14). Voyez comme c'est guérissant ! On peut se le répéter chaque matin, voire plusieurs fois par jour.

Brigitte a même décidé de mettre un post-it sur la glace de sa salle de bains avec cette parole.

D'autres l'écrivent sur leur fond d'écran d'ordinateur. À chacun de trouver le moyen !

On ne peut donner, en vérité, dans une relation humaine, que ce qu'on a vraiment reçu de Dieu (si ce n'est de sa famille) et qu'on s'est approprié.

Donc, « s'aimer soi-même pour mieux se donner et s'engager dans la relation ».

Il se peut que j'aie bien des choses à me reprocher ou que j'aie intériorisé de multiples paroles de condamnation ou de dévalorisation. « De toutes les façons, je suis moins bien que mon frère, je ne pourrai jamais faire aussi bien que lui… », « Ma pauvre fille, tu resteras célibataire comme ta vieille tante, tu seras bonne à t'occuper de tes vieux parents », « Tu ne feras jamais un bon père »… Toutes ces paroles m'empêchent de me laisser aimer par le Seigneur et de me considérer aimable par quelqu'un.

Je vais lutter contre elles :

– en les mettant dehors, en les remplaçant par des paroles valorisantes : on en a tous reçu, même si on n'y a pas cru ou qu'on n'y a pas prêté attention. Recherchons dans notre mémoire ces paroles positives qui nous ont été adressées ;

– et en me pardonnant à moi-même mes défauts, mes limites, le mal que je me suis fait, parfois sans le vouloir (cela va me libérer de la fausse culpabilité) : « Je me pardonne d'être timide, de me juger laide, d'être irascible, etc. Je me pardonne d'avoir de la difficulté à entrer en relation avec l'autre sexe, je me pardonne cet échec amoureux dont je me sens responsable et qui me fait mal. »

Plutôt que de céder à la colère contre moi-même et contre le monde entier, à la déprime ou à la mauvaise humeur (ce « dépit contre soi-même qui n'a d'autre source que l'amour-propre et l'orgueil »), je cultive plutôt la douceur envers moi-même. Telle est la véritable humilité, qui nous rend moins exigeants avec les autres. Reconnaître nos manquements sans désespérer de nous-mêmes va nous permettre d'accepter l'autre sans le juger, sans mettre la barre trop haut, sans l'idéaliser. Si je reconnais que je suis désordonnée ou paresseux, je vais moins avoir tendance à le reprocher aux autres. Plus je vais être compatissant(e) avec moi-même (sans mauvaise complaisance !), plus je vais pouvoir entrer avec douceur en relation avec l'autre. Jean-Paul II disait aux jeunes que nous ne sommes pas la somme de nos faiblesses et de nos échecs ; au contraire, nous sommes « la somme de l'amour du Père pour nous et de notre capacité réelle à devenir l'image de son Fils[4] ».

À chacun, chacune, de décider aujourd'hui de lutter contre toutes les pensées négatives qui peuvent nous assaillir : « Je n'y arriverai jamais, je ne suis pas un vrai homme, je ne ferai pas une bonne mère, etc. »

Je débranche le haut-parleur de l'Accusateur, et je prête l'oreille à l'Esprit consolateur et défenseur. « Tu comptes beaucoup à mes yeux, et moi je t'aime » (Is 43, 4) ; « Tu es mon fils ou ma fille bien-aimé(e). »

Car avec ces paroles en tête, il va nous être plus facile de tenter de savoir qui nous sommes réellement. La juste estime de soi repose en effet sur une vision de soi réaliste : arrêter de se rêver différent de ce qu'on est, cesser de se faire illusion (dans un sens ou dans l'autre) ou de poursuivre un but irréalisable. Certaines personnes arrivent à notre cabinet en nous disant : « En venant, je rêvais d'être président de la République, père de famille nombreuse, grand chef d'entreprise... » Ils ne sont pas dans la réalité, ils se construisent un monde

4. JEAN-PAUL II, *Homélie*, messe de clôture des XVIIes Journées mondiales de la jeunesse, Downsview Park, Toronto, 28 juillet 2002.

imaginaire pour quitter celui qui les fait souffrir par le manque ou la solitude. Mais, ce faisant, ils n'avancent pas. Comment rencontrer l'autre quand on se fuit soi-même ? Quand on fuit dans le virtuel, l'imaginaire ? Je ne peux aimer qu'au présent, que dans l'instant qu'il m'est donné de vivre.

Questions :

1. Qu'est-ce que j'aime en moi / n'aime pas en moi ?
2. Est-ce que je me connais / ne me connais pas ?
3. Quels sont mes échecs / mes réussites ?
4. Quels sont mes défauts / mes qualités ? (En trouver au moins cinq.)
5. Quelles sont mes valeurs ?

Pour cela, il est bon d'écouter aussi ce qu'on dit de soi, d'accepter (ou mieux, de solliciter) l'avis des autres, même critique, pour y recueillir des informations utiles. Que disent de moi mes amis, mes frères et sœurs, mes collègues de travail ?

Le but n'est pas un retour nombriliste sur soi, mais de reconnaître, derrière nos habitudes et nos masques, quelles sont notre véritable identité, notre personnalité propre, nos qualités enfouies, notre vocation authentique et notre mission dans le monde.

1. Quels sentiments est-ce que j'éprouve à mon propre égard ?
2. Quelles pensées m'habitent me concernant ?
3. Comment est-ce que je réagis par rapport aux évaluations des autres, en particulier quand elles sont limitantes et enfermantes ?

Je vais ainsi progressivement grandir dans la connaissance de moi-même.

« Il faut supporter les autres, mais, premièrement, il faut se supporter soi-même et avoir patience d'être imparfait[5]. » Repérer ses points forts, plutôt que de s'acharner à arracher nos points faibles. « Apprivoiser sa part d'ombre[6] », la part de nous qu'on n'aime pas et qu'on projette en général sur les autres, surtout sur celui ou celle qu'on aime (spirale des reproches, critiques, jugements...) !

Par exemple je vais décider d'aimer mon âge, la disponibilité qui est la mienne. Je vais aimer mon corps aussi. Cela passe par une certaine vigilance par rapport aux soins de santé, à l'entretien physique (sport), à l'alimentation (quantité, qualité, rythme), au repos, au sommeil, à la détente et aux vacances. Sans négliger l'hygiène et la propreté, ni bouder parfum ou produits cosmétiques, pourquoi pas ? Je vais faire attention à ma tenue corporelle et vestimentaire, et à la tenue de « mon chez-moi » (ma chambre, mon studio, mon appartement...), de manière à ce que l'on s'y sente bien. Je le rends accueillant et j'y fais du rangement ; j'y mets ma marque personnelle (fleurs, cadres, éclairage...).

2. Savoir ce que je veux, et si je suis libre...

« Qu'est-ce que je veux pour moi ? Est-ce que je peux réellement être moi-même et exercer ma liberté pour aimer ? Qu'est-ce que pour moi, être libre ? »

Il est indispensable de se poser ces questions, car beaucoup nous disent désirer faire la volonté de Dieu.

5. Saint François de Sales.
6. Jean MONBOURQUETTE, *Apprivoiser son ombre*, Paris, Bayard, 2001.

Mais avant de faire celle de Dieu, connaissent-ils la leur ? En ont-ils une ? Trop souvent, on entend dire : « Je ne sais pas ce que je veux ; quand on me demande mon avis, je n'en ai pas. »

Je vous renvoie à toutes les prières mal situées : « Seigneur, je m'abandonne à toi, je ne veux rien, fais de moi ce que tu voudras… J'attends que tu me dises ce que tu veux que je fasse… J'attends l'époux (épouse) que tu as préparé(e) pour moi de toute éternité. » Mais le Seigneur ne fera rien sans vous ! Et il ne vous fera jamais faire ce que vous ne voulez pas faire !

Le Christ Jésus lui-même à Gethsémani commence à exprimer Son désir humain, légitime, d'échapper à l'horreur de la Passion et de la mort, avant de renoncer à Sa volonté propre.

Sur le plan psychique :

– je dois savoir ce que je veux (si c'est me marier, cela veut dire quitter ma vie de célibataire, avec tous les bénéfices secondaires qu'elle comporte !) ;

– m'autoriser ce vouloir (accepter de me laisser aimer, toucher, embrasser ; m'autoriser à avoir du désir, du plaisir) ;

– puis passer à l'acte, sans attendre éternellement que cela tombe « tout cuit » du Ciel (rechercher des personnes de l'autre sexe désireuses de fonder un couple et une vie de famille, faire les premiers pas si besoin est…) ;

– et accepter de prendre des risques : de se tromper, de rencontrer l'échec, d'être repoussé(e), de rester célibataire, etc. Mais le Seigneur s'en servira pour notre meilleur bien, si nous savons Lui faire suffisamment confiance.

Pour cela, apprenons à reconnaître notre désir vrai, le plus profond :

– arrêter de censurer les bons désirs par des phrases autobloquantes, aboutissant à la démission : « Je cède sur mon désir, car sa réalisation m'angoisse trop » (« Je n'y peux rien », « C'est la vie », « Faut s'y faire ») ou : « J'ai envie de rencontrer quelqu'un, mais cela va faire de la peine à maman » (conflit de désirs) ;

– braver les interdits, inconscients, de jouir du bonheur (« L'amour, c'est pas pour toi », « Tu ne le mérites pas », « Tu ne peux pas être plus heureux que tes parents »). Donc passer à des croyances positives sur nous-mêmes.

3. Apprendre à communiquer de façon libre et vraie

Précisons quatre manières de communiquer pour « entrer en relation » et « avancer ».

S'exprimer

Cela paraît le b.a.-ba ! Mais ce n'est pas si simple ! Que de gens ont peur de prendre la parole, de s'exprimer. C'est-à-dire oser s'affirmer, en exprimant par des *mots* ce que je ressens, ce que je pense, ce que je veux ; tout en respectant l'autre : sans l'agresser, ni s'excuser tout le temps.

Questions :

1. Est-ce que je m'autorise à dire « je », à exprimer mes sentiments ?
2. À contredire ?
3. À répondre aux critiques (calmement) ?
4. À demander ?
5. À refuser, à dire « non » ?
6. À accepter, à dire « oui » ?

7. Ou suis-je encore bloqué(e), comme si je roulais toujours avec le frein à main à moitié tiré ?

Il s'agit de sortir du comportement « paillasson », timide à l'excès, qui s'écrase, culpabilisé, incapable de dire non (« Je ferai comme il voudra, cela m'est égal, tout sera bien du moment que je sens que je suis aimé[e] ») ; sans tomber pour autant dans le comportement « hérisson », qui dit toujours non. Ni passif ni agressif, mais « affirmé ».

Faire s'exprimer les autres

À l'écoute de nous-mêmes (mais sans trop s'écouter quand même !), nous sachant aimés, nous disposons d'une sécurité, d'une sérénité intérieure qui nous rend plus à même d'écouter l'autre, de le respecter, sans pour autant nous perdre dans sa souffrance ou ses difficultés. Nous ne sommes pas son saint-bernard ! Ni son thérapeute...

Xavier est amoureux de Delphine. Cela fait un an qu'ils sont ensemble, mais au retour de vacances, Delphine est bloquée. Pour elle, la relation ne peut plus avancer, elle se sent étouffer, elle a peur de s'ennuyer plus tard et a des angoisses très fortes dès lors que Xavier lui parle d'engagement. Que se passe-t-il ? La relation entre eux deux a été fondée sur l'écoute très attentive de Xavier, qui a montré beaucoup de compassion et d'amour pour Delphine, jeune fille gaie, brillante, mais blessée très tôt par la vie : son père est mort brutalement lorsqu'elle avait dix ans. Cette blessure n'avait jamais été mise au jour, Delphine avait « tenu bon » pendant des années, aidant sa mère à gérer la maison, s'occupant de ses frères et sœurs, gardant le sourire et fonçant dans des études brillantes où elle était reconnue par tous. Mais, à l'intérieur d'elle, c'était un « grand vide ». L'amour de Xavier est venu remplir ce grand vide ; confiante, Delphine s'est laissé aller à parler d'elle, de son enfance, de cette blessure immense de son cœur d'enfant brisé trop tôt. C'était la première fois qu'elle pouvait lâcher ce flot d'émotions depuis longtemps contenu, elle croyait aimer. Puis est venu le moment où elle n'avait plus rien à dire. Elle n'avait été centrée que sur elle, pendant de longs mois, et elle découvrait un Xavier qu'elle ne connaissait pas, qui connaissait tout d'elle, mais dont elle ne connaissait rien, si ce n'est sa grande capacité à l'écouter. Delphine a pris peur : « Si c'est cela, aimer, ce n'est pas ce que je souhaite ! »

Trop de relations entre jeunes avortent parce que le contenu de leur communication se résume à une somme de problèmes personnels : soit ils en ont marre, soit, le problème une fois résolu, ils n'ont plus rien à se dire !

Heureusement pour eux, Xavier et Delphine ont pris du recul. Ils se sont donné le temps de repartir et de construire, cette fois-ci, une relation équilibrée, où Xavier ne cherchait plus simplement à « sauver » Delphine et à réparer son enfance, mais à se laisser aimer par elle, afin qu'elle devienne plus femme et plus épanouie. Lui aussi est vraiment heureux de pouvoir aujourd'hui s'engager dans une relation où il prend toute sa place.

Se situer en relation de soutien mutuel et d'altérité

Au lieu d'une relation d'opposition, de rivalité, de séduction pure, de soumission/domination… Nous rencontrons des couples dont le plaisir favori est de s'opposer, de se trouver mille petits sujets de désaccords, comme si le seul moyen d'exister était de s'opposer et de se quereller. Pourtant, ce qui est le plus souvent recherché dans la relation, c'est la bienveillance, ce soutien amical, amoureux : l'autre va nous aider à grandir, par un soutien qui renforce mon estime (« Tu es quelqu'un de bien, tu as des qualités que j'admire ») ou par un soutien affectif (« Je t'aime ») ou un soutien matériel (« Je vais t'aider, te protéger »).

Nous allons apprendre petit à petit à mieux gérer les marques d'attention (positives ou négatives, conditionnelles ou inconditionnelles) : les donner, les demander, les recevoir ou les refuser (avec discernement). Et à gérer notre susceptibilité ! Si un garçon ne m'invite pas à danser, il ne me déteste pas pour autant ! S'il offre des fleurs à une fille, il ne lui fait pas une déclaration d'amour pour autant ! Même s'il devrait apprendre, à terme, que c'est ambigu !

Se respecter et se faire respecter

Dans notre identité, notre liberté, notre intégrité, notre dignité, avec notre histoire et nos convictions. Comment ? en (r)établissant les frontières physiques et morales de notre personne, en mettant « la bonne » distance vis-à-vis de notre entourage. Cela demande du courage.

Il me faut apprendre à dire non à tout ce qui n'est pas de l'amour. Réagir contre l'exploitation, l'emprise, la fusion, la dépendance et l'aliénation que l'on peut me faire subir dans une relation possessive et dominatrice ; contre la manipulation de mes sentiments ; la dévalorisation de ma personne ou la condamnation systématique de mes actes. Si je ne souhaite pas être embrassée avant d'aller plus loin dans la relation, je me fais respecter dans mon choix, sans avoir peur d'être délaissée, abandonnée, pour quelqu'un d'autre de plus « facile ». Si j'ai des convictions religieuses et désire me lever tôt le dimanche matin pour aller à la messe, je tiens bon face à tout un groupe non croyant pour qui il est plus « cool » de rester au lit faire la grasse matinée. Si je veux être « mère au foyer » plus tard, je ne me laisse pas déporter de mon désir par mon fiancé. Si je veux continuer à faire du foot le samedi après-midi, mon amie ne peut m'obliger à y renoncer « par amour » pour elle.

Nommer l'inacceptable et le refuser, calmement si possible, et se protéger.

Pierre a vidé le compte en banque de Juliette sans véritable accord de sa part. Il a profité de son aveuglement d'amoureuse qui était prête à tout pour obtenir le mariage.

Ne plus jamais accepter d'être « cassé(e) », et expliquer pourquoi.

Nathalie a subi très jeune, de la part de son premier « ami », des fellations forcées : par la suite, à chaque fois qu'une relation amoureuse démarrait, elle était mal située sur le plan des gestes physiques et se laissait entraîner dans ce qu'elle ne souhaitait pas. Jusqu'à ce qu'elle se décide fermement : « Plus personne ne sera autorisé à toucher mon corps, sauf celui avec qui je déciderai de me marier. »

Ne pas se laisser vider par les demandes d'aide. Déménagements, organisation de sorties, de voyages, des pèlerinages, etc.

4. Renforcer la confiance en soi

Agir

Il y a de multiples occasions d'améliorer son estime de soi dans les activités banales de la vie quotidienne, surtout celles où nous avons l'impression de perdre notre temps, de ne pas faire ce pour quoi nous sommes faits :

– Nous avons les moyens de donner du sens à ce que nous vivons (observons qu'après un peu de ménage ou de bricolage, le moral remonte !).

– Nous pouvons lutter contre ce qui nous enferme dans la « non-action » et faire la guerre aux quatre « r » : ruminer, ressasser, râler et remettre à demain. Agir par décision et exécution aussi rapide que possible. « Demain, je me lève dès que le réveil sonne ! »

– Nous pouvons travailler à « devenir bons » dans un sujet, à trouver un « hobby » où nous nous épanouissons et qui nous valorise (là où la dévalorisation des autres ne pourra pas nous atteindre).

Faire taire « le critique intérieur » qui déstabilise celui qui agit

Qu'il soit situé avant une rencontre ou un dîner (« C'est inutile. À quoi bon ? », « Ça ne marchera pas »), ou après (« C'était nul », « Ça n'a servi à rien », « Ça aurait pu être mieux », « Ça n'est pas suffisant »), dans notre dialogue intérieur, passer de Radio critiques à Radio encouragements (« J'étais belle, j'ai été intéressant[e], j'ai su danser convenablement, etc. »).

Rebondir sur ses échecs

Il y a deux dangers dans la relation amoureuse : se précipiter ou se décourager. En tout cas, il nous faut accepter l'idée de l'échec, même dans les relations amoureuses. Tout ne dépend pas de moi ! L'autre est libre, et j'ai beau l'aimer d'un amour fou, je ne peux pas l'obliger à m'aimer ! L'amour rime avec liberté. Personne ne peut contraindre à aimer… donc, évidemment, je risque d'être déçu. La déception n'est pas agréable, elle engendre une souffrance, une remise en cause, la nécessité de comprendre ce qui se passe. Mais pour rebondir de façon positive et faire de cet échec une chance, il nous faut absolument relativiser les pensées-catastrophes qui l'aggravent : l'échec toujours total, répétitif, définitif, irrattrapable ! De toute façon, il faut communiquer sur nos échecs amoureux, nos tâtonnements. En tirer des enseignements pour notre avenir, qui soient source d'information sur nous-mêmes, sur ce que nous attendons de l'amour, de la relation à l'autre. Une relation devrait se terminer avec des mots, sans passion, sans déchirements, sans tabous… mais dans le respect mutuel et les pardons échangés si besoin est.

D. QUITTER SON PÈRE ET SA MÈRE POUR ÊTRE ADULTE

1. Quitter son père et sa mère

La Parole de Dieu ne peut qu'éclairer, enseigner sur les conditions d'une juste relation. Il ne suffit pas de vouloir aimer, encore faut-il que cet amour soit « vrai », « bien situé ».

« Aussi l'homme *quitte-t-il son père et sa mère*, pour s'attacher à sa femme, et ils deviennent une seule chair » (Gn 2, 24).

On peut être adulte par l'âge, et enfant (ou ado) psychologiquement, parce qu'on n'a pas « quitté » ses parents, donc on ne s'est pas encore différencié d'eux et on ne sait pas encore vraiment « qui » on est (ce qui est source d'angoisses et d'insécurité). Or, on ne peut s'engager dans une relation si on ne sait pas « qui » on est soi-même.

Nathalie était bien avancée dans une relation avec Joël. Ils pensaient aux fiançailles lorsque Nathalie fut prise d'angoisses qui l'obligèrent à rompre ses fiançailles, tellement elle n'était pas bien. Joël, sans le savoir et grâce à la relation d'amour, a permis que la carapace de Nathalie « craque ». Elle avait perdu son père jeune et avait dû « s'occuper de sa mère et de ses frères et sœurs » pendant des années, sans s'occuper d'elle, sans s'autoriser à pleurer la mort de son père et sans se poser la question de ce qu'elle voulait faire dans la vie. À vingt-neuf ans, elle se retrouve dans un métier qu'elle n'aime pas, avec une mère omniprésente qui lui fait du chantage affectif en permanence, et elle se sent incapable de « se laisser aimer » : « J'ai appris à donner, mais je ne sais pas recevoir… Je ne sais pas ce qui est bon pour moi, je ne sais plus qui je suis. » Avant d'aller plus loin dans notre relation, « j'ai besoin de me retrouver, de savoir qui je suis ».

Jésus nous dit aussi : « Qui aime son père ou sa mère *plus que moi*, n'est pas digne de moi » (Mt 10, 37). C'est-à-dire celui ou celle qui préfère rester dans la fusion, la confusion, l'indifférenciation, le mélange, l'emprise, la possessivité ou la fausse soumission, plutôt que d'évoluer vers une vraie liberté (avec tous les « passages » intérieurs et les deuils que cela comporte), celui-là n'est pas digne de moi : il stagne, s'immobilise, réduit sa vie, alors que Jésus nous appelle à trouver notre vocation et notre mission. Nous sommes appelés au don, mais on ne peut donner que ce qui nous appartient et qu'on a trouvé.

Chaque être humain est créé « unique » et est appelé à grandir dans cette unicité, fondement de toute relation équilibrée. La première relation dont nous sommes responsables est celle que nous avons à avoir avec nous-mêmes. On ne peut pas aimer l'autre, s'engager dans une relation durable si on ne s'aime pas soi-même. Osons vivre notre différence, notre spécificité, sans peur du regard des autres, surtout de ce que peuvent penser nos parents, grands-parents, ou de ce qu'ils ont imprimé (inconsciemment le plus souvent) en nous : surmoi, gendarme intérieur qui nous « programme » : « Sois fort, fais plaisir, fais un effort, sois parfait », plus toutes les paroles auxquelles on se soumet, du style : « Ma pauvre fille, tu ne te marieras jamais, tu ne pourras jamais avoir d'enfant, tu ne feras jamais aussi bien que ton frère, tu n'es bon à rien, le plus important dans la vie, c'est les études ». En restant dans « la matrice » (mélangé à la mère et au père), il est impossible d'accéder à notre vrai « je ».

Être unique ne veut pas dire se couper, être totalement indépendant ou en perpétuelle opposition. Il s'agit de trouver notre véritable source (Dieu et nos parents ou des idoles ?), notre but (le sens de notre existence) et notre orientation (comment aller vers ce but : la mission, l'état de vie, le projet de vie). C'est comme une nouvelle naissance, qui se situe sur un plan spirituel : renaître d'eau et d'Esprit (Nicodème).

En restant dans la fusion, nous sommes idolâtres. Si nous mettons notre père ou notre mère à la place de Dieu, ce sont eux qui nous dictent leur loi, alors que nous sommes appelés à laisser l'Esprit Saint nous inspirer, en collaborant de façon juste avec Lui. L'ordre de Dieu est clair, et cet ordre va vers la vie : si on ne se sépare pas, on reste captif, prisonnier… Cet ordre est déterminant pour permettre de quitter une culpabilité mal située.

Car il est fréquent de vivre une intense culpabilité lorsqu'on veut sortir d'une relation fusionnelle ou d'emprise d'avec ses parents. Le moindre acte de liberté ou d'affirmation de soi peut être ressenti par eux comme une transgression, un non-amour, un danger d'abandon ou de rejet par leurs enfants ; il y a très souvent chantage affectif, devant lequel il est difficile de se situer. Par fausse compassion ou pour éviter l'affrontement et les conflits, il est possible qu'on cède au chantage, qu'on se retrouve complètement aliéné, ligoté par le désir des parents, sans plus trop connaître les siens propres. Le risque est d'être progressivement habité par une révolte et une haine contre celui ou celle qui nous vole notre liberté, nos désirs les plus essentiels.

Jacques a eu « des parents parfaits », très aimants, très attentionnés, mais « tellement attentionnés… » : « Je n'aurais pas pu être mieux aimé ; ils comblaient tous mes désirs ; ils ont fait tous mes choix à ma place, mais je n'aurais pas mieux fait ! » Mais à trente-six ans, il se retrouve incapable de nouer une relation, car il est agressif, indécis, méprisant avec les femmes. Il se sent dévalorisé et croit que jamais il ne pourra retrouver ce bonheur (idéalisé) de son enfance… Jacques a dû faire un travail de détachement de ses parents idéalisés et réaliser que « trop d'amour » et de protection tue l'amour et la liberté, et sème l'angoisse et la révolte.

Or, cette haine risque d'être déplacée sur les autres ou de se retourner contre nous et de nous détruire (angoisses, dépression, conduites alimentaires bizarres, ruptures irrationnelles de relations affectives, conduites d'échec dans le travail…).

La seconde Parole de vie pour accéder au stade adulte, c'est : « *Honore* ton père et ta mère, afin que tes jours se prolongent et que tu sois heureux sur la terre que te donne le Seigneur ton Dieu » (Dt 5, 16).

Non seulement il est indispensable de se séparer intérieurement de son père et de sa mère, de ne pas rester « mélangé » à leur identité, mais aussi de les respecter. Il est aussi important de vivre intégralement et de façon juste ces deux directions essentielles. Il n'est pas dit d'aimer ses parents, mais de les respecter. C'est-à-dire, de « leur donner du poids » : un enfant qui a été maltraité, qui a été humilié, mal aimé, voire abandonné par ses parents, ne pourra probablement pas les aimer d'affection, mais il devra toujours les reconnaître comme « ceux qui lui ont transmis la vie ».

– Respecter son père et sa mère va d'abord consister à ne pas nier sa génération, à la reconnaître, quels que soient les drames vécus, à ne pas les tenir pour inexistants sous peine de se détruire soi-même. Nos parents sont « passeurs de vie », et c'est à ce titre que nous devons les honorer.

– Respecter son père ou sa mère ne veut pas dire qu'il faut se soumettre aux projets ou désirs qu'ils ont pour nous-mêmes (beau mariage, avec tel type de personne, de tel style de famille ou d'éducation…) ; ni combler leurs manques, être leur « tout » ; ni leur éviter toute souffrance (solitude, dépression, problème d'héritage…) ; ni se laisser asservir par un chantage affectif ; ni demeurer dans la dépendance (financière, week-ends, traditions familiales pour les fêtes, choix d'études ou de métiers…).

– Respecter son père et sa mère va consister à les accepter tels qu'ils sont, avec leur propre histoire et leurs blessures ; à ne pas les obliger à changer, à devenir ce que nous voudrions qu'ils soient dans nos rêves ; à leur donner le droit de vivre leur route, et à nous donner le droit de vivre la nôtre (ce qui est compliqué en cas de séparation et divorce des parents à cause de la blessure affective, teintée de culpabilité) ; à les laisser nous aimer à leur manière, sans exiger qu'ils reconnaissent leurs torts, leurs erreurs ou nous demandent pardon… Apprenons à nommer leurs failles, leurs manques et la souffrance que cela a produite en nous, sans condamner leur personne, et arrêtons de leur demander des comptes, ce qui peut nous maintenir dans un état de victime sans fin, où on peut passer sa vie à courir après ce qu'on n'a pas eu enfant ! Si nous savons les respecter, il sera plus facile de les quitter de façon juste, sans les rejeter, sans les nier, sans les mépriser, mais en établissant une juste distance dans la relation, qui fait que chacun s'apprécie en se respectant, malgré ses différences : c'est la bonne base d'une relation amoureuse (sans fusion, sans confusion, sans domination, sans peur de l'abandon ou du rejet, sans dépendance, dans une juste altérité).

En fait, l'analyse transactionnelle[7] a montré qu'il reste toujours une part d'enfant en nous, celle de l'enfant que nous avons été, qui ressurgit dans tout ce que nous ressentons, dans l'expression de nos sentiments, de nos réactions.

Cette charge émotionnelle (qui est bonne en soi, car elle fait de nous des êtres vivants, riches) peut être encombrante dans notre relation aux autres, voire inhibante, et particulièrement dans un couple, car si elle prend trop de place, elle nous empêche d'accueillir l'autre tel qu'il est et manifeste notre immaturité. D'où la question : qu'est-ce qu'être adulte ?

2. Être adulte

Être adulte, c'est l'état de celui qui est « libre et responsable ».

L'adulte est autonome (ne pas confondre avec indépendant).

L'adulte se connaît, il sait qui il est, il connaît ses défauts, ses « passions », mais aussi ses qualités.

Il sait se reconnaître imparfait, limité, mais capable de progrès, de croissance.

Il sait tirer profit de ses échecs et fait de ses imperfections un des moyens de son action (au lieu de les nier ou de désespérer).

7. Grille d'observation et d'analyse des comportements humains.

Il est libre par rapport au regard des autres.

Il sait gérer ses émotions (sans les refouler) : les reconnaître, les canaliser et les mettre au service de l'amour (par exemple ses peurs, ses colères, ses tristesses…).

L'adulte est « capable de poser des choix ».

De prendre des décisions qui ne lui sont plus dictées uniquement par ses émotions ou par des ordres extérieurs (injonctions parentales), mais qui résultent de son intelligence et de sa volonté.

L'adulte passe du « J'ai envie », « Je dois », « Je sens » au « Je décide ».

Il assume les conséquences de ses actes et de ses erreurs, car il accepte de prendre des risques.

Il sait « se donner les moyens » du but qu'il se fixe : si c'est le mariage, arrêter de tergiverser ; ne pas courir deux lapins en même temps ; prendre les moyens de la rencontre en vérité ; vérifier ses fantasmes et l'interprétation des attitudes de l'autre sexe à son égard.

L'adulte est capable d'accueillir l'autre.

De le reconnaître comme différent de lui-même. Il aime l'autre pour lui-même (pas que pour ses qualités, ni pour le bien que cela lui fait de se sentir aimé…) et recherche son bien et son bonheur (pas le sien propre). Il est capable d'un amour de don.

L'adulte est dans le réel : il l'accepte.

Sans chercher à le fuir. Il sort du rêve, de la fuite dans le travail, de l'illusion entretenue par des mondanités sans fin, de la quête permanente d'être approuvé, reconnu, adulé…

L'adulte se connaît en vérité, accepte les contraintes de son histoire, de son passé, son milieu social, les circonstances de sa vie (par exemple les déceptions amoureuses passées) ; il sait compter sur le temps, dont il fait son allié (au lieu de paniquer). Sa liberté est d'assumer ses limites, son tempérament.

L'adulte se projette dans le temps.

Il accepte de quitter l'enfance pour se préparer à devenir père, mère, à être « passeur de vie », avec les responsabilités que cela implique. Mettre un enfant au monde n'est pas si simple : on en rêve, mais, au pied du mur, on peut le redouter. Beaucoup de relations amoureuses stagnent à cause de la peur de franchir cette étape de croissance et de maturité. Accepter l'enfant, c'est accepter la mort, la réalité de la condition humaine : nos enfants « nous poussent » vers l'au-delà, « prennent notre place » dans la succession des générations, nous font devenir « parents », comme nos propres parents… Pas si simple ! Surtout si les relations ont été difficiles ou conflictuelles avec eux.

E. SORTIR DU RÔLE DE VICTIME, DES SCÉNARIOS DE L'ENFANCE, DE L'ACCUSATION

Si je me ressens victime de la vie, d'événements blessants, du non-amour de mes parents, etc., à un moment donné, je suis face à un choix : soit je continue à me plaindre (et à être malheureux ou malheureuse), soit je passe du stade de victime au stade d'acteur de ma vie :

« Qu'est-ce que je vais faire de ce qu'on m'a fait ? Est-ce que je veux être heureux, sans faire dépendre ce bonheur des autres, de leur demande de pardon ou de leur reconnaissance du mal qu'ils ont pu me faire ? » Je suis responsable de ma vie, même si je dois assumer les conséquences du passé : c'est mon histoire, mon terreau, ce qui a forgé ma personnalité, et probablement aussi ce qui va attirer mon futur conjoint, car il va reconnaître en moi quelque chose qu'il connaît, qui le touche, qu'il veut guérir en moi, même s'il s'aperçoit par la suite que c'est impossible.

Sophie et Jules se sont rencontrés, puis se sont aimés et ont décidé de faire leur vie ensemble. Ils ont tous deux perdu un frère, l'un à dix ans, de maladie, l'autre à treize ans, de noyade. Ils se sont tout de suite compris : une sorte de complicité innée s'est créée entre eux, leur donnant l'illusion de ne plus être victimes de leur passé. Au bout de quelques années, ils ont réalisé que l'impact de leurs histoires respectives avait un retentissement négatif sur leur vie de couple et que celle-ci n'allait pas résoudre leurs difficultés personnelles.

F. SE POSITIONNER DANS LA RELATION

Vous l'aurez compris : ni trop près ni trop loin ! Tel est l'enjeu du couple : soit « tu me bouffes, et je disparais », soit tu es trop loin et j'ai l'impression d'être seul(e) et « mal aimé(e) ». Entre la dépendance et l'indépendance, il y a toute une gamme de « positions », que chaque couple aura à trouver en fonction de l'histoire de chacun de ses deux membres. Chaque nouveau positionnement dans la relation engendre une « crise » souvent douloureuse, voire conflictuelle, mais qui rend possible une croissance, pour l'un, pour l'autre, pour le couple. À la condition, toutefois, de pouvoir se parler, dire ce qui se passe en chacun, comprendre l'autre sans le juger ni lui prêter des intentions mauvaises. Le but du couple, c'est d'aimer. Le mariage fixe le cadre de cet amour, et le mariage chrétien engage à s'aimer l'un l'autre d'un amour divin : « comme Dieu nous aime ». C'est un grand mystère, dans lequel Dieu s'engage à nos côtés, pour nous apprendre à « régler » notre relation de telle façon qu'elle soit féconde, ouverte sur d'autres vies, et donne envie !

CHAPITRE V

Et si on s'engageait ?

À ce stade de notre réflexion, se pose la question cruciale : « Et si c'était lui ? Et si c'était elle ? » Nous voici au terme de notre livre sur « ces amours qui n'avancent pas »...

Alors, comment avancer lorsque, justement, cela « n'avance pas » ? Comment poser un choix ? Quels vont être les critères de discernement ?

Tout d'abord, essayons de résumer les situations qui peuvent vous concerner :

1. Je n'ai jamais été amoureux (amoureuse), je me demande pourquoi. Là, pas de choix à faire, mais décider de se prendre en main pour comprendre ce qui se joue dans cette impossibilité de nouer une relation affective durable, malgré le souhait exprimé. Discerner (en me faisant aider, au besoin, par une personne compétente), ce qui vient de moi, de mon histoire : quel est mon désir ? Où sont mes peurs ? Ai-je des handicaps réels ? Lesquels ? Physiques, manque de maturité, liberté blessée... ?

2. Nous sommes ensemble depuis un an, deux ans, voire plus... mais ni l'un, ni l'autre, ni les deux ne voulons sortir de cette situation. On semble à l'aise dans ce sentiment amoureux, qui n'engage pas, qui ne fait

pas prendre de risques. En même temps, le temps passe et on se demande si notre sentiment est toujours aussi fort qu'au jour de la rencontre. On se demande ce qui pourra nous faire changer d'« état ». En général, on a déjà des relations sexuelles, alors qu'est-ce qu'on va gagner à parler « mariage » ? Qu'est-ce que cela va changer ? Et puis, il y a cette pression des parents, de la famille, à qui on n'a pas toujours envie de céder : sommes-nous vraiment libres si on va dans leur sens ? On leur ferait si plaisir ! Ou, au contraire, on n'ose pas s'opposer, car ils ne trouvent pas l'élu de notre cœur à leur goût.

3. Nous sommes ensemble depuis un bout de temps, mais notre relation a des bas et des hauts… Est-ce de l'amour ? Qui nous le dira ? Est-ce viable ? Cela peut-il durer ? Sommes-nous « compatibles » ? On s'attendait « au grand amour qui nous transporterait » pour oser s'engager et, en fait, ce n'est pas ce qu'on vit. De plus, dès que l'un est prêt à s'engager, l'autre recule, puis c'est l'inverse !

4. Nous vivons une belle relation, on se voit souvent, on s'embrasse et on fait plein de trucs ensemble, mais, souvent, je pense à mon ancien fiancé… Et si c'était plutôt lui ? Si j'avais fait une bêtise en rompant avec lui : finalement, il n'était pas mal ! Peut-être que je ferais mieux de le rappeler : on pourrait se revoir avant que je ne m'engage plus loin dans la relation actuelle… Comment savoir ?

5. Nous vivons ensemble : c'est déjà bien ! Pourquoi se marier ?

6. Nous vivons ensemble, mais la perspective du mariage fait peur. Se marier, c'est sérieux. C'est accepter de s'engager, de quitter définitivement la possibilité de choisir quelqu'un d'autre et quitter le monde de l'adoles-

cence pour entrer dans le monde adulte. Je deviens responsable de ma vie. J'accepte un certain nombre de contraintes qui vont découler de cet engagement. Ma vie n'est plus une somme de plaisirs, au gré de mes envies et je m'engage, je reconnais que mon bonheur passe par des renoncements. « Je ne joue plus avec ma vie. »

Contrairement à certaines idées reçues qui traînent çà et là, dans la presse ou dans les médias :

1. Le bon, c'est celui (celle) que je choisis, c'est-à-dire que je décide d'aimer parmi tous les autres (auxquels je renonce, évidemment).

2. Aimer ne rime qu'avec « aimer pour toujours » : qu'est-ce qu'un amour qu'on peut reprendre, trahir, qui laisserait une porte de sortie ?

3. Aimer ne rime encore qu'avec « exclusivité » : aimer deux personnes à la fois n'existe pas. Trahir prouve qu'on n'était pas dans l'amour de l'autre, mais dans un amour narcissique où on recherche d'abord l'épanouissement de soi.

4. Aimer, encore une fois, n'est pas ressentir du sentiment amoureux, mais « s'engager, pour construire sa vie avec la personne de son choix, lui promettre le don irrévocable de sa personne pour son bien (bonheur) et le nôtre, et permettre ainsi à ce don mutuel d'être fécond ». Le mariage est le cadre le plus sécurisant pour cet amour-là.

A. IDENTIFIER SON DÉSIR PROFOND

Si nous cherchons à poser un choix « devant Dieu », la première des attitudes va être de s'interroger sur notre désir, et pour cela essayer de se connecter à notre monde intérieur qui nous mènera sur le chemin de notre désir.

La volonté de Dieu ne pourrait pas se trouver « en dehors de soi », de ce que l'on ressent, même si ce ressenti, ce désir, doit être vérifié, intégré, voire dépassé à la lumière d'autres éléments de discernement.

1. Distinguer besoin et désir

Pour une bonne compréhension, il faut distinguer le *besoin* du *désir*.

Dans le besoin, il y a la notion de nécessité : pour vivre, j'ai besoin de manger, de boire, de dormir…

Mais l'être humain n'est pas fait que de besoins, il est fait aussi de désir.

Le besoin est marqué par un rapport de consommation, il est comme vital, nécessaire à la survie, indispensable… et il nous faut passer du besoin au désir : « L'homme ne vit pas seulement de pain [1]. »

Le besoin serait un rapport où l'autre serait « pour moi », pour ma satisfaction, alors que le désir fait entrer dans un rapport de communion dans lequel chacun va pouvoir vivre sa propre vie, son propre appel, dans le respect de la différence.

Dans le choix amoureux, le désir vrai, qui est « élan de vie », est ce désir qui me porte vers l'autre, dans le désir d'aimer et d'accueillir. Nous sommes faits pour l'accueil et le don.

Le désir est essentiel à la vie : « dans le désir est la vie », et en éteignant le désir, nous éteignons la vie. Quelqu'un de dépressif n'a plus de désir, ne ressent plus son désir.

1. Luc 4, 4.

Mais nous ne pouvons pas désirer n'importe quoi, sous prétexte de nous faire plaisir, car alors, nous risquons d'aller vers la destruction. Cela signifie que notre désir a besoin d'être purifié, d'être émondé, et même évangélisé.

Si Dieu est au cœur de mon désir, je vais avoir à faire un vrai travail pour incliner le désir de mon cœur vers lui. « Notre cœur est sans repos tant qu'il ne repose en Toi[2]. »

2. Libérer son désir propre des chaînes qui l'empêchent de se développer

Pour certaines personnes, il est très difficile d'accéder à leur désir. Celui-ci est étouffé pour diverses raisons.

L'une d'elles est la peur, souvent à cause des blessures du passé : des relations difficiles, par exemple, dont la conséquence est d'avoir peur de prendre le risque de vivre une relation vraie dans le sens de son désir.

Pour beaucoup de personnes aussi, le désir propre est profondément enfoui, enterré, parce qu'elles se sont mises essentiellement à l'écoute des désirs des autres sur elles : désirs des parents, des professeurs, des amis, des patrons. L'oreille est éduquée à écouter les désirs des autres sur elles, mais l'oreille intérieure n'est pas branchée sur leur désir personnel.

Quand on est totalement dans le désir de plaire, d'être conforme à ce que les autres peuvent attendre de nous, quand on s'interroge en permanence par rapport aux regards des autres, alors on est comme enlisé, incapable de poser un choix, car on ne sait même plus ce qu'on veut, ce qu'on aime.

2. Saint AUGUSTIN, *Confessions*, I, 1.

C'est souvent à l'occasion d'un choix que se pose la question de son véritable désir propre. Et c'est là qu'on va s'apercevoir, parfois avec amertume, à quel point on vit « par procuration ».

C'est alors le moment de regarder « en vérité » où j'en suis par rapport à certaines dépendances : où en suis-je par rapport aux regards des autres, à mon autonomie vis-à-vis de mes parents, des normes sociales, familiales, à un idéal ?

Par exemple, par rapport à mon désir de me marier :

– Est-ce pour fuir la solitude, qui m'apparaît comme un vide, un esclavage, un échec ?

– Est-ce pour fonder une famille, un couple, pour avoir des enfants ?

– Est-ce pour répondre à une attente forte de mes parents ?

– Est-ce par refus d'une vocation religieuse ?

« Ce garçon, je l'aime, mais je ne peux pas m'engager : j'ai peur du jugement de mes parents, de mes amis... Il n'est pas conforme à l'idéal que je me suis fixé : trop petit, trop rigide, pas assez sûr de lui, etc. »

Je peux vivre aussi des dépendances à cause d'une fausse notion de la liberté :

– À rechercher toujours mon plaisir, j'en deviens esclave.

– À vouloir garder toutes les portes ouvertes du possible, je deviens esclave de cette idée.

– Je peux même vivre un certain esclavage par rapport à ce passé douloureux dans lequel je m'enferme, reste déterminé(e), et qui peut devenir comme un paravent pour ne pas avancer.

Mon désir doit être délivré d'un certain nombre de chaînes qui l'empêchent de se dire et de se développer. Il a aussi besoin d'être libéré du mensonge.

Dans cette relation, qu'est-ce qui n'est pas juste et que je ne veux pas voir ?

Est-ce que j'ose me montrer moi-même ?

Est-ce que je suis prêt(e) à reconnaître mes parts d'ombre, de connivences malsaines ?

Certains expriment la souffrance de ne pas avoir de désir. Mais le simple fait de le reconnaître comme une souffrance est la preuve que ce désir n'est pas si loin et qu'il ne demande qu'à ressurgir.

Qu'est-ce qui a fait que nos désirs sont ensevelis sous une dalle de béton qui nous empêche d'accéder à notre cœur profond, lieu où Dieu vient nous révéler qui nous sommes, chacun en tant que personne unique. « Tu es mon enfant bien-aimé. »

« La volonté de Dieu n'est pas que tu choisisses ceci ou cela : c'est que tu choisisses toi-même au terme d'une réflexion loyale, libérée de l'égoïsme comme de la peur, la manière la plus féconde de réaliser ta vie, compte tenu de ce que tu es, de ton passé, de ton histoire » (Michel Rondet).

B. POSER UN CHOIX SELON DIEU

Ce n'est pas tout d'identifier son désir, de démêler le désir profond des désirs plus superficiels, de séparer les désirs des envies. Une fois le discernement du « meilleur bien pour nous » fait (« C'est lui, c'est elle ! », « C'est le mariage et non pas la vie consacrée »), eh bien, il va falloir incarner le désir en posant un choix. Vouloir n'est pas choisir. Je peux passer ma vie à vouloir des bonnes choses pour moi, et ne jamais les choisir !

Choisir est un acte profondément humain, car il nous permet d'exercer notre liberté. Seul peut choisir celui qui est « libre » de dire oui ou non. Choisir, c'est prendre une décision (ne pas laisser les événements décider pour moi, ni les autres, ni mon affectivité). Entre deux possibilités, je choisis celle qui me semble la « meilleure », et donc je renonce à l'autre, à toutes les autres. Si je choisis d'aimer l'un, je renonce à aimer l'autre (d'un amour exclusif !). Je pose alors un acte responsable, qui m'engage. Lorsque je déclare mon amour à quelqu'un, je lui demande de s'engager à son tour vis-à-vis de moi : son engagement sera signe de son amour pour moi.

Notre vie est faite d'une multitude de petits choix, qui jalonnent notre journée :

– Est-ce que je regarde la télé ou est-ce que je prends ce livre ?

– Est-ce que je sors ce soir ou est-ce que je passe voir mes parents ?

– Est-ce que je sors faire un jogging ou est-ce que je vais à la messe ? Etc.

Nous pensons souvent que cela n'est pas très important, qu'il s'agit de l'organisation de nos journées et que Dieu n'a pas grand-chose à voir avec ces détails ! Et, pourtant, c'est à travers ces décisions quotidiennes, petites et apparemment insignifiantes, que je tisse la trame de ma vie et que se préparent mes grands choix. Celui qui part en brousse peut s'égarer et se retrouver très loin de son but si, à chaque croisement, il n'a pas pris la bonne direction. Ainsi chaque petite décision (répondre à l'heure à un courrier, ranger ma chambre, sortir ma poubelle avant qu'elle ne déborde, téléphoner à une amie…), chaque petite décision est, à chaque fois, l'occasion de nous remettre dans la bonne direction. Elles révèlent le fond de notre cœur.

Ceux qui ne savent pas choisir laissent les événements (ou les autres) décider pour eux (on laisse pourrir une relation, on attend que l'autre fasse le premier pas, on ne prend pas de risques). Choisir est en effet un acte qui demande du courage, de la liberté. Cela demande de savoir ce que je veux (beaucoup disent vouloir « se marier », fonder une famille, mais ne « font » rien pour mettre en œuvre leur désir).

À l'heure des grands choix, des décisions qui engagent toute une vie, nous allons voir comment faire un choix en nous laissant conduire par l'Esprit de Dieu.

1. *Poser clairement le choix à faire* : lui ou pas lui, elle ou pas elle, lui ou lui, elle ou elle. En identifiant clairement « d'où l'on part » : quelle est la situation ? Mon âge ? Ai-je eu d'autres relations amoureuses avant ? Ai-je été fiancé(e) ?

2. Poser le choix à faire veut dire *se préparer à renoncer* à tout avoir en même temps, à se garder la possibilité de choisir. Je ferme tous les autres possibles : si c'est lui (ou elle), ce ne sera jamais un autre (ou une autre). Et j'envisage de renoncer à ma vie d'avant, de célibataire.

3. *Me remettre en face du but de ma vie*. Je me rappelle mon baptême : toute ma vie appartient à Dieu. C'est Lui que je veux servir, louer, glorifier par ma vie, par mes choix. C'est le chemin qui mène à Lui que je veux prendre : mon conjoint sera pour moi une occasion d'incarner le don de moi-même et ma vocation à aimer. Pour cela, je rends mon cœur libre, pour ne pas « imposer ma volonté » à Dieu. Je peux avoir des attachements désordonnés, qui empêchent mon cœur d'être libre : un amour trop fusionnel à une mère, à un frère jumeau... Je peux être lié par le regard des autres, de mon meilleur ami, du qu'en dira-t-on... Je présente à Dieu mes peurs, ce qui peut gêner ma liberté, pour orienter véritablement

mon cœur vers Lui et suivre ce qui me conduira davantage vers Sa louange et Son service.

4. *Demander la lumière de l'Esprit*, sûrs que Dieu ne s'amuse pas à nous cacher Sa volonté et qu'Il nous donne les moyens de la connaître. D'autre part, s'il y avait « un mauvais choix » (on a peur de se tromper !), Dieu s'engage avec nous dans le choix que nous faisons et Il nous donnera Sa grâce pour vivre notre choix « en Lui ». Un choix, posé pour de mauvaises raisons, peut devenir, par grâce de Dieu et par décision libre de ma volonté, « un bon choix ».

5. *Réfléchir à chacune des solutions* : regarder les avantages et les inconvénients de chacune des solutions envisagées. Je regarde les raisons pour et contre, en fonction du but de ma vie. Noter par écrit dans un tableau.

6. *Peser le pour et le contre*, se faire conseiller (par une seule personne, pas par mille !), j'accueille ce qui me paraît la meilleure solution à la lumière du Seigneur et… je pose mon choix !

7. *Faire l'offrande de ma décision* : je présente ce choix à Dieu dans la prière. Ce qui se passe en moi va me faire sentir si la décision prise est bien en accord avec le désir de Dieu. Le Seigneur me confirme par la paix, la joie, le dynamisme intérieur. Une inquiétude peut m'agiter devant la difficulté du chemin ou des obstacles, mais au fond de moi une certitude m'habite : « C'est bien cela. » Le démon peut essayer de nous arracher à notre décision et nous faire revenir en arrière, mais notre choix en Dieu nous tient « enracinés » en Lui, inébranlables et paisibles.

CONCLUSION

Alors, pourquoi se marier ? Le parcours que nous venons de vous proposer au travers de ces pages peut sembler difficile à certains, semé d'embûches et d'obstacles à franchir. Il est vrai que, de la rencontre à la décision de se marier, le chemin ne ressemble pas toujours à un long fleuve tranquille, et, pour quelques-uns d'entre vous, il est nécessaire de revisiter leur histoire personnelle, de faire le deuil de certaines attentes et d'accepter de prendre le risque de s'engager. Ce risque est souvent dur à prendre, et pourtant il n'y a pas de vie possible sans prise de risque (mesuré, bien sûr !). Dans un couple, chaque conjoint apporte dans la corbeille de mariage toutes ses richesses et ses ressources (dons, talents, qualités…) mais aussi ses limites (blessures de la vie, péché…). La vie commune permettra de faire d'autres découvertes sur soi et sur l'autre : découvertes réjouissantes ou plus déroutantes. L'épanouissement du couple se construira jour après jour si nous acceptons nos limites et nos différences, si nous ne demandons pas à notre conjoint de venir satisfaire nos manques et nos frustrations mais si l'amour inconditionnel que nous essayons de nous donner l'un à l'autre nous permet de faire face à nos propres limites.

Nous n'entrons pas dans la vie conjugale avec, dans nos bagages, les réserves qui nous permettront de

« tenir » ensemble toute notre vie. Cette perspective serait bien triste et effrayante ! Souvenons-nous des mariés de Cana dont le vin vient à manquer (Jn 2, 1-11). Et si à nous aussi il nous manquait du nécessaire ! Heureusement nos réserves ne sont pas limitées à notre paquetage ! Mgr André Vingt-Trois disait un jour devant une assemblée de fiancés que la vie de couple ressemblait à un marathon : on part léger, mais tout au long de la route des personnes nous proposent de l'eau, de quoi manger. Encore faut-il accepter d'être aidé et ne pas penser que le couple se suffit à lui-même.

Tout n'est pas joué avant le mariage. Au contraire ! L'aventure commence réellement après l'engagement quand tous les actes d'amour que nous posons l'un envers l'autre viendront, jour après jour, consolider le lien qui nous unit. C'est pour cette raison que l'on peut dire après cinq, dix, vingt, trente ans de mariage que notre amour est plus fort qu'au premier jour. On ne s'aime pas comme au premier jour mais on s'aime mieux, d'un amour plus réaliste et plus profond, plus riche de tout ce que nous avons vécu ensemble. L'homme, la femme que nous avons épousé(e) n'était peut-être pas l'affaire du siècle (il existe toujours quelqu'un de plus beau, de plus intelligent, de plus jeune…), mais il ou elle devient l'affaire du siècle pour moi quand, après des années de vie commune, je m'aperçois comment la vie de couple m'a fait grandir dans une plus grande confiance en moi et en l'autre, et dans notre capacité à nous donner l'un à l'autre !

TÉMOIGNAGES

Laurent et Anne

Anne : Nous nous sommes rencontrés en octobre et notre liaison amoureuse a commencé à Noël. Malgré la joie d'avoir, à quarante et trente-cinq ans, rencontré quelqu'un avec qui nous avions envie de poursuivre la route, des difficultés sont vite apparues : Laurent n'arrivait pas à exprimer sa tendresse, même par des gestes simples (me prendre la main en public lui était presque impossible). Ce blocage allait jusqu'à l'absence totale de désir physique envers moi. Tout cela me faisait souffrir, car ses paroles disaient un certain attachement, mais je ressentais un rejet quasi physique de sa part envers moi. Nous savions que ce n'était pas un problème physiologique puisque Laurent avait déjà eu des liaisons amoureuses (ce qui n'était pas mon cas), mais cette absence de désir physique le bouleversait et remettait en question toute sa personne et sa masculinité.

Je lui ai alors proposé de consulter, car tout seul, même soutenu par moi, il n'arriverait pas à dénouer ce qui le bloquait. Nous nous doutions que la question d'un engagement total était au centre, car de mon côté, je ne pouvais envisager d'avoir des rapports sexuels en dehors d'un don total et réciproque, scellé dans le mariage. Laurent accepta immédiatement la proposition de rencontrer un professionnel. Nous ne souhaitions pas traiter ce problème hors de la vision chrétienne de l'homme et de la sexualité, c'est pourquoi nous nous sommes adressés au cabinet *Mots croisés*.

Laurent a rencontré seul pendant plusieurs mois une conseillère conjugale : il s'est senti soulagé et rassuré de pouvoir parler de cette question, car il a pu mettre en lumière certains points de blocage qui l'empêchaient d'avancer dans la relation. Les entretiens portaient autant sur la connaissance de soi que sur les rapports aux autres, aux parents notamment. Progressivement, Laurent a pris conscience que son manque de désir vis-à-vis de moi était principalement lié, d'une part, à la relation encore fusionnelle qu'il avait avec sa mère, même s'il était physiquement séparé d'elle depuis longtemps, d'autre part, au souvenir d'une relation amoureuse dont il n'avait pas encore fait totalement le deuil et, enfin, au paradoxe dans lequel il était enfermé : il avait cherché à rencontrer quelqu'un qui le soutienne dans son métier (musicien professionnel), mais ressentait la crainte, en s'engageant, de perdre des habitudes professionnelles et par là même, des acquis.

J'ai commencé à rencontrer la conseillère conjugale avec Laurent avant l'été, car j'ai réalisé que les difficultés de Laurent faisaient écho à des difficultés personnelles, et notamment au fait que j'étais moi-même peu à l'aise avec mon corps. J'avais moi aussi à faire du chemin personnel dans notre relation. Nous avons alors cheminé chacun de notre côté et décidé de ne plus nous voir pendant quelques semaines.

Laurent : La solitude que j'ai ressentie pendant notre séparation et la prise de conscience de plus en plus grande des raisons qui bloquaient notre relation ont, petit à petit, fait grandir en moi le désir que j'avais d'Anne. J'étais de ce fait davantage rassuré, et mon amour pour elle s'est affermi. J'ai accepté, dès lors, de la présenter à mes parents.

Anne : De mon côté, cette officialisation a répondu à mon besoin de ne plus être seulement « l'amie » de Laurent, mais sa fiancée. Ce nouveau statut a eu pour effet de me détendre et de mieux exprimer mon amour par des gestes de tendresse.

Le chemin continuait d'être difficile, mais nous étions dans l'espérance. En février, nous avons fait un week-end pour fiancés qui nous a confortés dans notre projet de fiançailles (surprise faite à nos parents en mars). Nous y avons écouté le témoignage d'un couple marié depuis vingt ans, avec sept enfants, qui nous a fait part des difficultés de leur vie sexuelle au début de leur mariage : ils nous disaient que s'ils avaient essayé avant de se marier, ils ne se seraient jamais mariés, car ils n'avaient pas le même rythme, et qu'il leur a fallu du temps, de la patience et de la confiance pour vaincre ces problèmes. Cela nous a bien sûr rejoints dans notre vécu et nous a beaucoup encouragés à poursuivre le chemin à deux, à nous décider à nous marier sans attendre que tout soit réglé.

Le temps des fiançailles ne fut pas facile, nous n'étions pas sur un petit nuage, mais ces difficultés nous ont permis (car nous y étions obligés) de beaucoup discuter, de nous connaître sans nous juger, d'être très respectueux de l'autre, de son rythme, de ses appréhensions. Les racines de notre amour ont dû aller chercher en profondeur de la terre solide. Pour notre mariage, célébré en août, nous avons choisi l'Évangile où Jésus parle de la maison bâtie sur le roc. Pour nous, les secousses avaient déjà secoué notre relation dès le départ. Nous avons eu raison de faire confiance, car nos blocages physiques ont finalement été surmontés. Le rôle de la conseillère conjugale, que nous continuons à rencontrer quelques mois après notre mariage, a été primordial, car oser parler de ses difficultés est un premier pas pour les résoudre ; de plus, il est très sain de faire entrer une tierce personne neutre dans une relation délicate : cela permet de discerner avec plus de recul si la relation amoureuse a de bonnes bases ou si, au contraire, on se trompe mutuellement. Le chemin de la vérité est parfois long et douloureux, mais il conduit au bonheur et à la liberté de dire *oui* pour toujours.

Jean

Des magazines de mode aux poses langoureuses, des images dénudées aperçues dans la rue, des films à caractère érotique regardés à la télévision en cachette, et puis un jour un camarade de lycée a évoqué auprès de moi la possibilité de jouir de son corps de manière solitaire, ce que je n'avais jamais imaginé : voilà quelques éléments qui ont suscité ma curiosité, puis déclenché l'acte de me donner du plaisir par l'intermédiaire de mon corps. De dix-sept ans à vingt-neuf ans, j'ai pratiqué ce que l'on nomme la masturbation plusieurs fois par mois, jusqu'à plusieurs fois par semaine. Lorsque j'éprouvais un moment d'inquiétude ou de stress, cet acte m'en soulageait tout en me procurant un plaisir d'une grande intensité. Je ne savais pas que la masturbation deviendrait une puissante drogue. Il est arrivé en effet un jour où je ne pouvais plus dire non. Mon corps exprimait sa volonté sous forme de pulsions très fortes, que j'assouvissais immédiatement sans pouvoir faire autrement. Mon corps est devenu plus fort que ma volonté. Tenu par cette dépendance, je ne me suis pas rendu compte qu'est entré dans ma vie beaucoup plus que la simple répétition dans le temps d'un geste mécanique.

J'étais un adolescent secret, qui ne parlait pas beaucoup et se confiait peu. Doué de capacités à bien réussir à l'école, puis dans les études, obtenant de la vie certaines facilités, je nourrissais en moi un sentiment de supériorité. J'étais seul au monde et je pensais que personne ne pouvait me comprendre. La masturbation n'en était pas l'origine et n'expliquait pas tout, mais en me procurant par moi-même ce dont j'avais besoin pour me sentir bien, elle m'a incité à croire que je n'avais pas besoin des autres.

En revanche, la masturbation a développé et surtout considérablement amplifié une soif de puissance et de domination des autres.

On m'a reproché dans le cadre de mon travail des comportements durs, voire cassants, ou des raisonnements qui ne laissaient place à aucune réponse. J'ai été plus dur encore envers mes collaborateurs féminins, car leur féminité m'était étrangère. Il m'était difficile en réalité de faire place dans mon esprit aux raisonnements des autres, à leurs idées, à leurs conseils, que je n'écoutais pas vraiment. Ils me dérangeaient, et cela me déplaisait de penser que quelqu'un d'autre que moi puisse m'apprendre quelque chose. Je ne voulais que du plaisir et surtout que de la puissance, donc une forme de domination des autres, une façon de les manipuler, comme je manipulais mon corps.

La masturbation a aussi alimenté et entretenu une recherche de plaisir immédiat et égoïste. Pour ne pas souffrir et ne vivre que de plaisirs, j'avais conçu que je devais tout réussir avec facilité. Je n'ai pas pris le risque d'une orientation vers des études qui m'auraient davantage convenu, préférant par facilité une voie classique et plus sûre. Sous les apparences de la réussite sociale, j'ai choisi ensuite un métier pour son confort plus que par vocation. Comme je me croyais supérieur, je ne pouvais pas connaître l'échec, donc je ne prenais pas de risque. Dès qu'une fille me semblait désirable, je la fuyais. J'avais peur de subir un échec : je n'y pensais même pas, puisque j'étais invincible. Tomber amoureux d'une fille eût été également me reconnaître vulnérable. Je le pressentais et j'en avais peur. Je voulais que personne d'autre que moi ne puisse me toucher, au sens propre comme au sens figuré. Le tableau ne serait pas complet si j'oubliais de dire que j'allais systématiquement et de manière très irrationnelle là où la vie était ardue, rugueuse, difficile et contraire à mon bonheur, et cela sous couvert de bravoure et d'abnégation. C'était comme si je me mentais à moi-même. Je provoquais inconsciemment les faits, les situations et les lieux qui me confirmeraient que la vie n'avait rien de bon pour moi, qu'elle serait une lutte perpétuelle. Cela a été vrai des orientations fondamentales de ma vie, pour les études et pour le métier, de certains engagements associatifs, de certaines amitiés et de toute ma vie affective. Tomber amoureux eût été reconnaître que quelque chose de bon m'était donné dans la vie, et je n'y croyais pas.

Le cercle vicieux fonctionnait parfaitement bien : puisque de toute façon j'allais là où je ne serais pas bien, je ne serais jamais en situation d'exprimer pleinement tous mes dons. Donc, comme je ne pouvais les exprimer, personne ne pouvait les voir. Donc personne ne pouvait les évaluer. Donc je n'avais aucun risque puisque quoi que je fasse, bien ou mal, cela resterait toujours quelque chose dans lequel je ne m'étais pas engagé personnellement. Ainsi personne ne pourrait remettre en cause mon invincibilité, que je conservais secrètement au fond de moi-même.

Au bout d'un certain temps de pratique de la masturbation, obnubilé par mon corps j'ai perdu petit à petit ma capacité à m'émerveiller non seulement des autres, mais aussi de moi-même.

Ne voyant plus ce qui était beau en moi, ne percevant plus mes qualités et mes dons, cela devenait encore plus difficile d'orienter ma vie. La masturbation n'était pas à l'origine de mes peurs, mais au lieu de les apaiser, elle les a considérablement amplifiées, puis elle a déréglé ma vie. Est arrivé le jour où tout est devenu confus. Ma volonté s'était dissoute. Je n'étais plus moi-même et je ne me connaissais plus. Mon cœur était devenu sec et dur comme une pierre. Je refusais d'aimer et de me laisser aimer. Je refusais la vie. Je suis devenu triste et souvent déprimé.

C'était il y a quatre ans. Du fond de cet abîme il s'est passé quelque chose de mystérieux. Comme si le dégoût de ma vie avait suffisamment duré. J'ai décidé d'arrêter les voyages professionnels, de ralentir mon rythme de travail, et sans trop savoir pourquoi j'ai pris du temps pour recentrer ma vie sur la musique, l'amitié et la prière. La prière !? Quelque chose comme un cri confus vers je ne savais quoi d'infini. Il devait bien y avoir quelque part, dans l'univers, dans ma vie, quelqu'un qui puisse m'aider. Sans avoir jamais perdu le fil de la messe dominicale, je n'avais jamais non plus placé Dieu au centre de ma vie. Mais je savais m'adresser à Lui. Porté pendant deux ans à l'adoration du Saint Sacrement par un groupe de jeunes et par la beauté de la liturgie, j'ai laissé mon cœur petit à petit s'assouplir et lentement il s'est ainsi préparé à une grâce, la grâce de désirer changer ma vie : j'ai désiré de plus en plus fermement me libérer du péché, laver mon âme, entendre mon cœur battre à nouveau, et laisser venir à moi une lumière ; lumière qui allait mettre au jour de nombreuses blessures que le temps n'avait pas cicatrisées.

J'avais été blessé dans mon cœur d'enfant et d'adolescent, mais je n'arrivais pas à le reconnaître. Je devais pour cela y voir la part de la responsabilité de mes propres parents. J'ai revisité dans ma mémoire une multitude d'attentions que mon père avait eues à mon égard et qui me rappelaient sans cesse ma place d'« enfant » et cela jusqu'à l'âge adulte. Lorsqu'il doutait de ma capacité à trouver le chemin en randonnée, à parler espagnol, à freiner dans un virage ou à passer une vitesse d'embrayage, à remettre les clés toujours au même endroit, à penser à prendre mon sac de couchage, à fermer la porte arrière de droite de la voiture, la manière qu'il avait d'organiser la vie à la maison dans les moindres détails sans me confier aucune responsabilité, la manière qu'il avait d'imposer sa vision du monde et de la vie, en professant de longs monologues sans avoir besoin de personne, sa manière de ne pas écouter l'autre, de lui couper la parole, de ne pas attendre ses réponses, l'absence d'émerveillement à mon égard, même lorsque j'ai passé un concours difficile, l'absence de regard de devenir ou d'espoir sur moi ; mon père souhaitait de toute évidence que son fils reste à une place définie par lui. J'ai cru, dans mon cœur de jeune homme, que mon père ne me faisait pas confiance à cause de moi-même. Et en même temps j'ai vécu cela comme s'il m'avait diminué dans mon être le plus profond, comme s'il n'avait pas réussi à saisir les nuances de ma personne et comme si cela ne l'intéressait pas. J'en ai été blessé sans le savoir et j'ai laissé monter en moi progressivement, à travers son regard, une image dévalorisée de moi-même. J'ai très profondément idéalisé mon père, qui avait pour lui d'être intelligent, drôle, sensible, attirant une forte sympathie et paré de l'auréole de la réussite professionnelle. Et puis il était mon père, et cela me suffisait pour l'idéaliser ; je l'ai idéalisé totalement et en faisant cela, je l'ai idéalisé excessivement. Mon père n'était pas parfait, mais à l'âge de seize ans je ne le savais pas. Je l'aimais trop pour ne pas prendre tout ce qu'il me donnait comme un seul bloc où tout était vérité. Il a en outre distillé en moi subtilement un poison très puissant, qu'un adolescent de dix-sept ans boit aveuglément, et qui est une vision du monde privée de sens. Cela consiste à ne croire en rien, surtout pas au bonheur, à attendre de la vie le moins de souffrance et le plus de bien-être possible, et à porter sur tout ce qui nous entoure un regard désabusé. Il pensait que la seule motivation de l'être humain dans le monde est la soif de considération sociale. J'ai pensé que la manière qu'il avait de classer les autres dans des cases sociales avec des attitudes condescendantes pour ceux qui se logeaient dans des cases subalternes s'appliquait aussi à moi, et que j'étais moi aussi dans une case subalterne. Par son discours sur le monde et les hommes, mon père a ajouté dans mon cœur une image dévalorisée de la vie.

En outre, mes parents ont eu du mal à accorder leurs caractères. La manière qu'ils ont eue de résoudre cette différence n'a pas toujours été douce. Mon père imposait au foyer son sens hyper-rationnel de l'organisation et de l'action, et en cela il cantonnait ma mère à un rôle d'exécution avec des mots souvent durs, désabusés et parfois infantilisants. Il se peut qu'il ait eu des raisons de faire ainsi, dans la personnalité ou les comportements de ma mère, mais il n'en demeure pas moins vrai que cela n'était objectivement pas respectueux. Ce n'était pas respectueux d'une façon d'être de ma mère, plus intuitive, plus contemplative, plus littéraire, plus artistique et moins rationnelle. Et plus elle était réduite à occuper une case qui ne lui correspondait pas, plus elle réagissait par des attitudes en apparence irrationnelles, pour résister à sa manière, ce qui alimentait d'autant l'exaspération de mon père. Il se peut que ni l'un ni l'autre n'aient trouvé d'autre façon de cohabiter que celle que je décris. Je suis incapable de porter le moindre jugement de valeur sur leur histoire, et ce n'est pas la question. Mais ces tensions, forcément visibles à un enfant, m'ont mis en situation de prendre parti pour l'un contre l'autre : j'ai survalorisé mon père tout en dévalorisant ma mère. Je pensais que mon père avait « raison », et que ma mère avait « tort ». Je n'ai pas su nuancer. Je n'ai pas pu nuancer. Je garde de cette époque le souvenir d'être allé jusqu'à mépriser ma propre mère dans mon cœur. Je lui reprochais les mêmes choses que mon père, avec parfois une liberté de ton dont je mesure aujourd'hui l'insolence. Mon père n'a jamais eu une parole franche pour me l'interdire. Comment ne pas reconnaître que j'ai développé à travers cela une image dévalorisée de l'identité féminine ?

Cette image s'est encore détériorée par la perception que j'ai eue de l'amour de ma mère pour moi. Alors que moi, je faisais confiance à mes capacités, à ma vivacité, à mes facilités d'adaptation, elle, s'inquiétait pour ce que je considérais comme broutilles. Elle le manifestait par des attentions maternelles que je jugeais excessives et qui ont d'ailleurs perduré jusqu'à un âge avancé puisqu'à trente ans je ne savais toujours pas mettre un bonnet quand il fait froid. Il vaut mieux en rire. Adolescent, je voulais être capable, indépendant, autonome et je trouvais qu'elle me couvait trop, ce qui signifiait pour moi qu'elle ne voyait pas qui j'étais. La répétition dans le temps de toutes ces attitudes maternelles selon moi trop insistantes a fait monter en moi l'impression qu'elle prodiguait ses attentions plus pour se rassurer que pour moi-même. J'ai cru que ma mère cherchait à m'imposer sa vision de moi-même et j'ai pensé qu'elle cherchait à me posséder. Cette peur a été puissante au point de fermer mon cœur à l'idée qu'un amour féminin puisse reconnaître ma valeur et me laisser libre, c'est-à-dire me rendre heureux.

Malgré l'amour inconditionnel qu'ils avaient pour moi, malgré les innombrables trésors qu'ils m'ont légués par leur éducation, mes parents m'ont aussi laissé des blessures très profondes. Blessures au sens de la vie, blessures à la valeur de la femme, blessures à la confiance en moi, blessures à mon cœur. J'avais donc hérité de la certitude qu'aucun amour ne laisserait jamais place à une pleine existence de moi-même. C'était cela ma grande blessure : une blessure d'amour. Je ne croyais plus à l'amour et j'avais tellement dévalorisé ma personne que je ne me croyais même plus capable d'aimer.

Je me souviens avoir été tenté dans mon corps de manière plus vive quand je séjournais ponctuellement chez mes parents, ou encore lorsque dans le travail ou ma vie sociale ma personne n'avait pas été respectée. Il y avait un lien évident entre les situations de ma vie où je n'étais pas respecté en tant que personne et la tentation de ne pas respecter mon corps. Mon corps, et tout particulièrement ses parties sexuées étaient et sont toujours faits pour l'amour d'une femme, et pour donner la vie à des enfants. Pervertir la vocation de mon corps était pour moi pervertir l'amour. Et pour pouvoir pervertir mon corps il fallait que j'aie déjà une image pervertie de l'amour. C'était lié. Et comme mon corps n'est pas un objet à distance de moi-même, pervertir mon corps était aussi pervertir toute ma personne. Dans l'autre sens, j'ai cédé d'autant plus facilement à la tentation de la masturbation que l'image que j'avais de moi était fragilisée. Et à chaque fois que je renouvelais le geste, c'était mon être tout entier que je dévalorisais un peu plus.

Fuir ce qui était bon pour moi dans tous les domaines de la vie était également une façon de tourner contre moi-même la violence que j'avais subie.

Il est évident pour moi qu'à travers le plaisir je cherchais à compenser un manque de quelque chose. La douleur de n'avoir pas été aimé avait créé en moi un espace vide : j'étais privé d'amour et je sentais bien que cela ne fonctionnait pas. Mais je ne savais pas par quoi remplacer ce vide. Le plaisir ressenti dans mon corps était une façon de fuir : je trouvais dans le plaisir l'oubli de toutes mes questions.

Au moment où j'ai vu mes blessures, où j'ai identifié leurs points d'origine et comment j'avais essayé de me protéger pour ne pas en souffrir, alors s'est dégonflé considérablement le poids de culpabilité qui pesait sur mon cœur et m'empêchait de parler. Parler et surtout avoir un interlocuteur en face de moi pour m'entendre et m'aider à trouver des mots de vérité, c'est ce chemin qui m'a libéré. Ce fut douloureux, mais c'était un chemin de vérité. Les circonstances n'expliquent pas tout, car j'avais et j'ai toujours la responsabilité de mes actes en liberté, mais j'ai compris que ma liberté avait été contrainte.

Me libérer, c'était donc retrouver une capacité à me comporter hors des attentes de mes parents.

Prendre des responsabilités même si c'est et ce sera toujours contraire à la logique paternelle.

Et par extension prendre mes propres responsabilités dans la vie, c'est-à-dire reconnaître par moi-même et non plus à travers le regard de mes parents ce que je possède d'une manière unique. Accepter aussi dans le même élan de recevoir ce qui est beau et bon pour moi.

Porter sur ma mère un regard différent et lui pardonner dans mon cœur. Mais aussi exister autrement qu'à travers son regard, me projeter dans l'avenir et croire qu'une autre femme puisse poser sur moi un regard d'amour qui soit aussi un chemin de liberté.

Chasser une idée de la perfection que j'avais construite en pensant que mon propre père était invincible. Ne plus me croire moi-même invincible, intouchable, hors de portée du monde.

Accepter de ne pas tout contrôler. Accepter la possibilité d'échec. Me reconnaître vulnérable et faible ; comprendre qu'en faisant cela j'accueille mon humanité.

Et puis me libérer, c'était reconnaître mes parents comme faits de chair, d'os et de pâte humaine, donc faillibles et forcément imparfaits, avec leurs propres limites. Voir que ma mère n'a rien fait d'autre que d'être mère au meilleur d'elle-même. Comprendre que beaucoup de ce qui m'a blessé chez mon père venait de son caractère anxieux : c'était un besoin chez lui de tout organiser à l'avance, et c'était difficile pour lui de faire confiance à un adolescent par définition moins fiable qu'un adulte. Je crois aussi que son discours sur le monde jouait un rôle de protection de son intériorité, qu'il ne souhaitait pas dévoiler. Il portait certainement en lui aussi la marque de ses propres blessures. Je ne sais pas tout, et je ne saurai certainement jamais tout. Cela ne m'appartient pas. Mon père a été parent à sa manière, comme ma mère, avec ses forces et ses faiblesses. Il leur était difficile de prendre la juste mesure de ma sensibilité, de mon caractère secret et de mon apparence physique très juvénile encore aujourd'hui et qui pouvait leur donner une fausse image de ma maturité intérieure. Il leur était difficile de voir ma manière à moi d'être touché. Ils ne l'ont pas vu et je n'ai pas pu le leur dire. Il m'a été donné la grâce d'y contempler un mystère, tout simplement, sans chercher à comprendre.

Me libérer, c'était aussi me libérer de l'injustice de mes blessures. J'ai eu la grâce de confier cela à un mystère plus profond encore. Mes blessures ont été injustes et absurdes, bien évidemment, mais pas moins absurdes que celles portées par le Christ lui-même sur le chemin de croix, dans son corps, dans son cœur, dans son esprit d'homme. Lui le juste parmi les justes, il n'a rien dit, il ne s'est pas plaint de l'injustice des hommes. Blessures du Christ conduit à la mort, mais aussi vers la résurrection. Il m'a été donné la grâce de comprendre à travers mes blessures qu'au Golgotha l'histoire de l'homme a très profondément basculé, et pour toujours. J'ai fait cette expérience de trouver en Jésus Christ la force de dépasser l'injustice du mal. C'est à lui que j'ai demandé la grâce de l'amour des humiliations pour maintenir une relation de dialogue avec mes parents, alors qu'ils continuaient et continuent encore à diminuer la valeur de mon être sans s'en rendre compte. Je n'aurais pas pu continuer à leur rendre visite sans puiser un peu de patience et d'humilité à la source des mystères douloureux. Je n'aurais pas pu tenir une présence amoureuse. Je n'aurais pas été capable de fidélité ni de patience. Je n'en avais pas conscience, mais l'Esprit Saint était présent au cœur de ma prière contemplative. Il m'a soutenu aussi par l'intermédiaire d'un prêtre, d'un frère religieux, d'un psychologue, d'une sœur accompagnatrice de ma vie spirituelle et il me guidait par des mots, par des signes dans un combat dont je ne voyais pas l'issue. Comment enfin aurais-je tenu sans me laisser entourer par les bras de Marie, qui n'a cessé d'orienter mon regard vers son Fils ? Elle a été la première à avoir accueilli ma douleur et la première à m'indiquer ensuite le chemin merveilleux de la douceur, que j'empruntais comme un novice.

C'est face à Jésus, présent dans son Eucharistie exposée sur l'autel d'une église, qu'a commencé mon chemin de guérison. C'est en compagnie de lui que j'ai cheminé. Puis c'est lui qui m'a guidé vers son Père, source d'amour infini.

Pour retrouver le sens plein de ma liberté, je devais résister à la tentation de croire que j'avais été privé de toute liberté. Si le mauvais esprit s'était infiltré dans ma vie, c'est parce que je l'avais laissé entrer. Au début c'était indicible : cela concernait juste un petit plaisir très ponctuel. Je me disais que c'était juste pour essayer, qu'après on verrait. Puis je cédais un peu plus tout en gardant le contrôle des opérations : je pouvais décider du moment du plaisir, et donc je pourrais l'arrêter si je le voulais. Et je me disais qu'un peu de plaisir après tout, ce ne pouvait pas être complètement mauvais. Ensuite j'ai pensé que je faisais ce que je voulais de mon corps et que cela ne regardait que moi. Et un jour ma volonté s'est dissoute, sans même que je m'en rende compte. Le plaisir s'était installé et c'était lui qui décidait. À ce moment-là, il était déjà trop tard. C'est ainsi que s'est opéré le glissement de la tentation à l'esclavage.

Je suis aujourd'hui capable de me souvenir très clairement de ces quelques moments où mon âme était consciente du mal et du bien, et elle a choisi le mal. C'était au tout début. À ces instants, mon esprit était clair. Je me souviens très bien avoir eu une connaissance très sûre de ce qui élève et de ce qui abaisse. Je me souviens avoir rejeté une idée belle et grande de l'amour et de la vie. Au lieu de m'en réjouir, j'ai eu peur, comme si ce n'était pas pour moi, comme si je ne pouvais pas y croire. Ne pas accepter que cela soit une joie immense. Ne pas me croire le réceptacle de cette joie. Peut-être était-ce cela mon erreur : rester accroché à ma propre personne et ne pas reconnaître la grandeur de l'amour dont j'étais pourtant capable, que j'étais capable de recevoir. Ne pas reconnaître que cette capacité d'amour puisse dépasser ma personne, puisse venir de plus grand et plus vaste que moi, venir de Dieu et avoir été déposée par Lui dans le creux de mon cœur. Ne pas reconnaître que, venant de Dieu, elle était aussi le chemin pour aller vers Lui.

Me libérer, c'était donc retrouver la source de l'amour véritable en Dieu. La dernière tentation du mauvais esprit résonne encore aujourd'hui à mes oreilles : « Allez, laisse tomber : tu seras toujours hanté par le souvenir du plaisir immense de la chair ! Laisse-toi enivrer à nouveau ! »

Je reste faible, mais c'est dans cette faiblesse même que ma force s'enracine, car je sais à présent que seul, je ne peux rien. C'est seulement avec l'aide de Dieu le Père, de Jésus son fils et de l'Esprit Saint et sous la protection bienveillante de Marie que ma vie est vivante. Je remercie la Sainte Trinité de la grâce que j'ai reçue de me libérer de mon passé, qui m'empêchait de m'aimer, d'aimer les autres et finalement d'aimer et de me laisser aimer par Dieu. Quelle joie profonde de redécouvrir un peu plus chaque jour ma vraie capacité d'amour !

Alexandre et Sophie

Alexandre et Sophie ont été fiancés. Sophie vivait alors de grandes angoisses quant à cet engagement ; elle ne parvenait pas à se réjouir de ce mariage, doutait de son choix. Ils ont dû admettre que la seule issue était de rompre leurs fiançailles et de se séparer.

Mais au bout de quelques mois, elle n'arrivait toujours pas à faire le deuil d'Alexandre et lui continuait à penser à elle sans pouvoir réussir à tourner la page.

Tout doucement, au hasard de rencontres, ils ont recommencé à se voir et fini par s'avouer leurs sentiments l'un pour l'autre. Que fallait-il faire ? Incapables de s'engager dans une autre relation, ils ont décidé de se revoir dans le secret sans en avertir quiconque.

Sophie : Quand nous nous sommes retrouvés avec Alexandre, quelques années après notre rupture de fiançailles, la question du mariage a vite retrouvé sa place. Nous nous sommes laissé du temps pour réapprendre à nous faire confiance, pour nous pardonner et pour nous redécouvrir après cette épreuve.

Mais derrière toute cette reconstruction, se tramait la question : « Sommes-nous vraiment faits pour nous marier ? » On avait terriblement souffert de l'absence de l'autre et maintenant que l'on s'était retrouvés, l'évidence n'était plus au rendez-vous.

Surtout de mon côté… Mes incertitudes, mes questions existentielles, mes peurs avaient elles aussi retrouvé le chemin ! Impossible de les balayer, elles tapissaient tout mon intérieur et pourrissaient de nouveau tout projet. Les mois passaient et la situation n'avançait pas beaucoup. Chacun de son côté essayait d'y voir plus clair en dialoguant avec une conseillère conjugale qui aidait à prendre du recul et à comprendre ces fameuses angoisses pour les vaincre.

Un été, nous étions à bout l'un et l'autre. Dans l'impasse. La séparation fut envisagée : peut-être que si nous ne parvenions pas à aller plus avant, c'est qu'il fallait s'arrêter là.

Le drame, de nouveau. Celui qui exacerbe l'attachement et le « squelette » de la relation, en émondant les questions superflues pour retrouver la vraie : « Pourquoi est-ce que je n'y arrive pas ? » Dès que je faisais mine de vouloir me lancer, car je ne *pouvais* pas vivre sans Alexandre, m'apparaissait un « spot » de ses défauts et de tout ce que je ne ferais pas avec lui, de mes rêves et envies qu'il ne partageait pas et une vision sombre des lendemains de cet engagement. Le mariage de mes parents, qui tient mais est entaché de très nombreuses disputes, ne devait pas être pour rien dans cette diapositive peu réjouissante.

Et puis un jour, j'ai compris que ce n'était pas que de lui que dépendrait mon bonheur ; mais surtout de moi, de ce que je donnerai aux jours pour que ma vie soit belle. J'avais compris profondément que rien n'était figé ou décidé et que le futur serait à bâtir ensemble, jour après jour.

Si je voulais juste bannir la peur qui me paralysait alors et qui ne me donnerait jamais rien de bon.

Elle me maintenait au carrefour ; je voyais les feux devenir verts, puis rouges, mais j'étais au point mort !

En ne prenant pas le risque d'avancer, j'étais certaine de croupir seule avec mes regrets.

J'ai donc pu réenvisager mon avenir plus sereinement avec celui que j'aimais, qui possédait de grandes qualités et notamment celle, rassurante, de l'écoute. De plus, lui m'acceptait « en entier » et m'attendait toujours. Pourquoi ne pouvais-je en faire autant au lieu de m'acharner sur ce qui ne me convenait pas ? Sûrement un moyen comme un autre de ne pas me lancer…

Lorsqu'Alexandre m'a (re)demandée en mariage et que j'ai répondu, ce n'était pas un oui franc et massif, jailli du cœur. Non. Il était timide et encore peu assuré. Mais il a grandi par la suite, en se voulant confiant. Nous nous sommes mariés peu de temps après. Je ne regrette pas cette décision ; elle m'a rendue libre et heureuse. Et dire que j'aurais pu passer à côté de cet amour !

TABLE DES MATIÈRES

Achevé d'imprimer sur rotative
par l'imprimerie Darantiere
à Dijon-Quetigny
en octobre 2010

Dépôt légal : avril 2009
N° d'impression : 10-1298

Imprimé en France